HACER MÁS CON MENOS
La nueva forma de generar riqueza

BRUCE PIASECKI

HACER MÁS CON MENOS
La nueva forma de generar riqueza

EDICIONES OBELISCO

Si este libro le ha interesado y desea que le mantengamos informado
de nuestras publicaciones, escríbanos indicándonos qué temas son de su interés
(Astrología, Autoayuda, Psicología, Artes Marciales, Naturismo,
Espiritualidad, Tradición…) y gustosamente le complaceremos.

Puede consultar nuestro catálogo en www.edicionesobelisco.com

Colección Éxito
Hacer más con menos
Bruce Piasecki

1.ª edición: junio de 2019

Título original: *Doing More With Less*

Traducción: *Manuel Manzano*
Corrección: *M.ª Jesús Rodríguez*
Diseño de cubierta: *Isabel Estrada*
sobre una imagen de Shutterstock

© 2016, Bruce Piasecki
Publicado por acuerdo con Square One Publishers, NY, USA.
(Reservados todos los derechos)
© 2019, Ediciones Obelisco, S. L.
(Reservados los derechos para la presente edición)

Edita: Ediciones Obelisco, S. L.
Collita, 23-25. Pol. Ind. Molí de la Bastida
08191 Rubí - Barcelona - España
Tel. 93 309 85 25 - Fax 93 309 85 23
E-mail: info@edicionesobelisco.com

ISBN: 978-84-9111-468-0
Depósito Legal: B-13.635-2019

Printed in Spain

Impreso en los talleres gráficos de Romanyà/Valls S. A.
Verdaguer, 1 - 08786 Capellades - Barcelona

Prefacio

Ganando terreno

¿Recuerdas –me refiero a recordar completamente– esas conversaciones raras, no planificadas, cara a cara que has tenido de vez en cuando, conversaciones que te llevaron más allá del ruido superficial de tu vida, del parloteo en el campo de golf, de las estructuras de significado superficial, hasta un conjunto en que las ideas parecieron mucho más verdaderas y te dejaron con ese sentimiento de «¡Ah, entonces se trata de eso!»?

Al abrir *Hacer más con menos* de Bruce Piasecki, un libro breve, pero no pequeño, estás a punto de comenzar una de esas conversaciones.

Bruce te pide que estudies la práctica de los negocios, o para el caso de cualquier proyecto social, a nivel vocacional. Todos comprendemos instintivamente la idea de *vocación* y entendemos que esa vocación nos pregunta: «¿Por qué haces lo que estás haciendo?» y «¿Puedo mantenerme honesto –moral e intelectualmente– con las elecciones que tomo?».

En este libro, Bruce usa regularmente unos cuantos conceptos interesantes, y con ellos quiere decir lo contrario a *vocación*. Unos son *energizado, totalmente comprometido, imaginativo,* otros son *aburrido, automático, privado de sentimiento.*

7

La vocación general que explora este libro es la *austeridad*, y como idea central, en cada página se hace eco de manera importante. Para cuando cierres la contracubierta de este libro, es probable que tu cabeza vibre al considerar las maneras en las que puedes realinear tu propia empresa en respuesta a las condiciones cambiantes de la vida que Bruce enumera. Este libro cultiva un sentido especial de propósito social en el capitalismo, ya que refina tus instintos particulares de innovación y supervivencia.

Mira, por ejemplo, la gerencia de Walmart desde el punto de vista de Piasecki. Sus ejecutivos son responsables de una vasta entidad corporativa, pero a medida que el mundo ha ido cambiando, Walmart no ha tenido que abandonar su modelo de negocio principal o su lema «Ahorra dinero, vive mejor», para convertirse en un referente masivo de la energía solar. Todo lo que tenía que hacer Walmart era darse cuenta de que los techos planos de sus tiendas tenían un promedio de 8.000 m^2 y que poseía casi 8.000 tiendas en todo el mundo; al defender la energía solar, estaba haciendo más con menos. *¡Bing!* Este libro explora lo que Piasecki acuña como arte de la austeridad competitiva.

Éstas son algunas de las nuevas condiciones importantes exploradas en esta obra:

- Dinámicas entre sociedad y empresa en un futuro cercano.
- Ahorro personal.
- Autenticidad ejecutiva.
- Durabilidad del producto (en lugar de desechabilidad).
- Estabilidad del mercado en tiempos de globalización.
- Incentivos para la seguridad cultural.
- Continuidad pública y empresarial.
- Conocimientos sobre la creación de riqueza y creatividad.

El libro añade, con ingenio y velocidad, conocimientos sobre la literatura de la globalización, el desarrollo de productos, la gestión del cambio y la gestión general, ya que proporciona una visión original del papel cada vez más importante que desempeñan en la competitividad las cuestiones de sostenibilidad y energía.

Este libro no podría ser mejor para este nuevo siglo que comienza. Todos sabemos que estamos en el umbral. Bruce Piasecki nos da el marco para ver lo que sigue, sin tambalearnos hacia el fracaso. Podemos sentir en nuestros huesos que estamos a punto de oír las campanadas de medianoche, e incluso la recesión actual o reciente (depende de tu perspectiva) es como una metáfora ecológica, es decir, como un sistema fuera de control y empujado más allá de sus límites y capacidad de carga natural.

Bajo el espíritu de estas ideas, Bruce plantea un desafío a todos los que estamos conectados de diversas maneras al mundo de la empresa: ¿Cómo utilizas tus talentos creativos e innovadores en este mundo veloz y rígido para liberarte de tus propias racionalizaciones autoinhibidas? ¿Cómo ajustas la brújula de tu vida profesional y luego les das nuevas direcciones a los esfuerzos que manejas y en los que influyes? Su visión es una nueva manera de alinear mejor el dinero, las personas y las reglas, y sus ideas son globales y de aplicación inmediata, como les oí decir a los líderes del gobierno, de las empresas y de la sociedad en la cumbre de Gaining Ground.

A mi modo de ver, es responsabilidad primordial de todo líder empresarial y de todo lector preocupado por las tendencias sociales cultivar una visión fiable y favorable del futuro, no sólo para el próximo trimestre, sino para un futuro cercano y seguro, porque con nuestros propios esfuerzos estamos preparando el mundo para nuestros sucesores.

Para su mérito y tu evidente buena suerte como lector, Bruce cree en «el poder creativo del retorno a la austeridad». Es decir, cree en vosotros, líderes e innovadores en los ámbitos empresarial, corporativo y técnico, y en vuestra habilidad fundamental para hacer un balance del cambio, tanto a corto como a largo plazo, y para dar una respuesta creativa, adaptable y persistente. Sabe que no será fácil, pero es una transformación muy satisfactoria para ti.

Tanto Bruce Piasecki como yo compartimos las serias preocupaciones de sus colegas Jared Diamond, Ronald Wright, James Howard Kunstler, Thomas Homer-Dixon y James Lovelock. En esencia, estos conocidos observadores dicen que «suficiente» no es suficiente ni suficientemente rápido. Sin embargo, al leer el trabajo de Bruce Piasecki, creo que el propósito de su enfoque y tono es distinto de aquellos que nos alertan de una catástrofe inminente. Piasecki está en el juego para cambiar el juego. Piasecki escribe como un historiador social, pero con el tono de un hombre en plena acción. Cambia el juego mientras observa sus patrones.

Por supuesto, todavía necesitamos prepararnos para algo peor que la rapidez y la complejidad: muchos de nosotros sabemos que debemos prepararnos para la catástrofe: la catástrofe en nuestras instituciones financieras, corporativas y personales. La catástrofe es altamente disruptiva y descompone los sistemas, tal como ejemplos como el terremoto en Haití y el huracán Katrina demuestran claramente. Si bien es consciente del empeoramiento de las tendencias, Piasecki analiza a través de toda esa rapidez y complejidad y ofrece una serie de principios duraderos sobre cómo sobrevivir. Se trata de navegar en el cambio para evitar una catástrofe. Por supuesto, un pesimista es sólo un optimista preocupado. Como Bruce Piasecki, tengo la esperanza de que nuestros instintos de autoconservación, nuestro deseo de justicia social y nuestro apetito por el bienestar nos conduzcan a una era de innovación sin precedentes en el mercado y en la vida comunitaria. Paradójicamente, como bien se indica en este libro (sobre todo en los capítulos intermedios), la escasez en sí misma abre nuevos mercados innovadores. Y aquí radica la magia que hace de este libro una lectura valiosa.

En los capítulos finales, las ideas extravagantes pero fascinantes de Bruce sobre la competencia y su compleja relación con la austeridad se convierten en una conciencia de la diplomacia social de una manera que nunca antes he leído. No se puede decir lo mismo de muchos libros, excepto de los que duran debido a su sensibilidad y humanidad.

Al llegar a los capítulos finales, sobre el mañana, la libertad y el destino, habrás recorrido un largo camino. En el capítulo 4, yo me sentí casi como si estuviera leyendo un ensayo de Ralph Waldo Emerson o de cualquier otro filósofo social de gran relevancia, como Matthew Arnold. En el proceso, Piasecki nos ha convencido y deleitado a muchos de nosotros para que seamos más optimistas, más activos.

Después de todo, el ahorro, aparte de su significado convencional, también puede considerarse una nueva hoja de ruta para la asignación de recursos; incluso el dinero ahorrado tiene energía y utilidad. Como señala Bruce, «este libro te ofrece un compromiso y una promesa… para encontrar una nueva creatividad en la escasez».

Durante las últimas dos décadas, he organizado conferencias sobre sostenibilidad urbana para el Gaining Ground en el noroeste del Pacífico. Cada vez más, somos una escala y una plataforma de detección para algunos de los mejores pensadores del mundo sobre el crecimiento y la sostenibilidad. Bruce fue uno de los principales oradores en la segunda conferencia de Gaining Ground, titulada «Whole-City Change», en el año 2007. Compartió el estrado con uno de los padrinos de la sostenibilidad, Paul Hawken; con el extraordinario desarrollador John Knott; el visionario de la valoración inmobiliaria Scott Muldavin; y con Pamela Mang, miembro fundadora de Regenesis y creadora del extraordinario proceso de construcción de la ciudad llamado «Historia del lugar». También, a la conferencia para estudiar el pensamiento y la práctica de la sostenibilidad en Norteamérica asistieron doce de los principales líderes ambientales y de sostenibilidad de China (¡y gracias a Piasecki y a Hawken aprendí qué hicieron!).

Aún hoy recuerdo la hábil narrativa de Bruce en «Go Green or Go Broke». Para apreciar lo provocativo y vanguardista que era, sólo una muestra: la sostenibilidad (si es que puedo agrupar todo el moderno esfuerzo empresarial y la estrategia corporativa bajo el paraguas común sobre el que escribe Piasecki) ha pasado de su fase de adopción temprana a la corriente principal en el corto lapso de menos de diez años.

En la década de 1980, cuando Bruce comenzó su serie de libros y su firma de consultoría, los defensores de la ecología eran llamados *arboleros* y *radicales*. Todo el movimiento era considerado todavía como *new-age*. No se entendía el papel de los negocios en la sociedad. Ahora, el enfurecido debate se centra en temas como las ventajas de la recuperación de energía del calor residual industrial, en comparación con la fuente de calor de los vertederos y ¡el debate está siendo dirigido por personas que visten traje e intercambian tarjetas de presentación!

No hay que olvidar la tendencia más larga y verdadera incorporada en el trabajo de Piasecki. La primera vez que la vi fue en el título de la profética charla de Bruce, en 2007, cuando lo contraté para hablar aquella semana con mis 360 líderes. Como resultado de su particular estilo y su fuerza personal, sus argumentos de *World Inc.* han aparecido en ediciones en portugués, japonés, italiano, griego, coreano y en varios idiomas más. El mundo está listo para ver el poder y la oportunidad de esta manera de entender la competencia.

En *Hacer más con menos*, Piasecki aprovecha sus tres décadas de aprendizaje y sus viajes, y nos invita a avanzar a través de una mezcla de no ficción, narración personal y reflexiones preclaras sobre los negocios y los tiempos modernos. Éste es un libro sobre la gestión de las relaciones entre la empresa y la sociedad. Además, sigue siendo un texto revolucionario sobre cómo pensar en los negocios en este nuevo siglo.

A lo largo de su obra, Piasecki ha señalado el camino hacia su visión de la inversión inteligente y de los conflictos culturales. Ahora el mundo empresarial está enfocado en la sostenibilidad, como predijo Piasecki. Algunos lo ven ahora como un león descansando con una pata encima de su reciente captura, calmando a la sociedad. Pero Piasecki nos recuerda una historia más grande: esta transformación silenciosa del posicionamiento comercial se está materializando bajo nuestros pies de una manera que ha cambiado la vida de siete mil millones de prójimos. Bruce ha promovido estos valores e ideas durante treinta años, pero cada nuevo libro vuelve a enfocar los problemas de una manera más general y más dominante. En el entorno empresarial, ha sido un pionero verde y un importante facilitador. Como consultor para gobiernos y grandes empresas y como orador público en muchas naciones y para una gran variedad de empresas, ha guiado el pensamiento estratégico corporativo y ha cambiado vidas. Conozco a muchos que ahora lo ven como el padre del capitalismo de respuesta social, predicho en los siguientes seis capítulos relacionados.

En *Hacer más con menos*, Bruce revela más profunda y personalmente el futuro que te espera. Esta obra maestra es materia verdaderamente transformadora. Espero que extraigas su valor pleno y duradero.

GENE MILLER
Centro de Innovación Urbana,
director de las conferencias Gaining Ground

Agradecimientos

Emily Dickinson nos recuerda que:

Me digo que la tierra es breve,
y la angustia absoluta.
Que hay demasiado mal,
pero ¿y qué?

Escribí este libro con la idea de las necesidades sociales siempre presentes y con la conciencia de los años de angustia vividos mientras trataba de abrirme camino, de levantar mi empresa y de enriquecer a mi familia en este mundo. Puedes decirme: «Pero ¿y qué?».

En ese brillante poema, Emily Dickinson nos brinda una nueva ecuación, una nueva razón para crecer y vivir en el futuro cercano.

Así, quiero reconocer, primero, que escribí este libro en busca de ese tipo de razones y principios revitalizantes. Por lo tanto, debo reconocer de manera destacada a las personas como mi madre, Lillian Anna Piasecki, y a mis muchos maestros de la escuela secundaria, como el señor Charles Plummer, quien hace casi cuatro décadas le dio a este pobre niño de granja la oportunidad de aprender y crecer.

Luego conocí a mi esposa, Andrea Carol Masters, cuyo amor por el lenguaje y la argumentación sólida me dieron una razón para aprender el poder de la expresión sutil y la necesidad de ser imparcial. Y luego vino mi querida hija Colette, quien me enseñó todos los principios desarrollados en este breve libro.

Le doy las gracias a mi musa y colega Sandy Chizinsky, propietaria y fundadora de Beacon Editing. Durante treinta y siete años, la señora Chizinsky ha sido una apasionada lectora crítica de mi trabajo. Ella es una de esas amables oradoras que pueden ver el valor de la misericordia y la bondad por encima de la crueldad y la guerra. Si hay esperanza en este libro sobre una nueva Edad de Oro, gran parte del empuje y del pensamiento subyacente a esa esperanza proviene de la década de discusiones, paseos reflexivos y encuentros con Sandy en los que el tema central de nuestras conversaciones era el futuro próximo.

Durante la fase final del proyecto de este libro, conocí a la editora más destacada. A punto de cumplir ochenta años, Barbara Kass me ofreció ayuda y consejos para casi todas las páginas de este libro, en múltiples iteraciones, con la misma honestidad y valor que las de Cicerón en sus mejores y más duraderas alocuciones. Si queda alguna errata en este texto, es mía, no tuya, Barbara. Si tuviéramos todo el tiempo del mundo, mi prosa sería tan consecuente que la cadencia sería precisa y exigente. En tus manos, este libro ideal no sólo cambiaría los corazones y las mentes, sino también el mundo.

Pero éste es un libro comercial. Tengo que dar mi más sincero agradecimiento tanto a Kevin Small como a Bill Gladstone, que me han ayudado a construir puentes con aquellos que hacen libros después de que el escritor los haya escrito. Mi agente Bill Gladstone, el fundador de Waterside Productions, destila tanta fuerza y frescura en sus propios libros, que me sorprende lo mucho que ha tenido que ayudarme a lanzar éste. Bill dijo hace unos años: «Bruce, llevas toda la vida esperando escribir este título». Y Bill fue lo suficientemente pragmático como para presentarme al asombroso equipo que Matt Holt, de John Wiley & Sons Inc., forma alrededor de los libros, desde Christine Moore y Lauren Murphy a Susan Moran. Conocen la fuerza que reside en la narrativa personal, y lo que hace que los dueños de las empresas quieran escribir libros con impacto social.

Los libros de esta naturaleza se han convertido en deportes de equipo. El equipo de Wiley sabe cómo ganar, al igual que Kevin Small y Result-Source. Con ellos me siento como en casa, listo para correr donde lo soliciten. Del mismo modo, agradezco a AHC Groupers, Jonathan Ellermann, Ashley Lucas, Marti Simmons y Ken Strassner, y a Denny Minano y Steve Percy su atención a los detalles y los conceptos de esta obra.

Como lo demuestran los juicios de la historia, para escribir libros que son, en parte, narraciones personales y, en parte, libros de negocios del mundo real hay que conjugar varias artes diferentes en un estilo compuesto. Muchos antes que yo han escrito de esta manera, desde Marco Aurelio y Cicerón, pasando por Jonathan Edwards y Ralph Waldo Emerson, hasta George Orwell y E. F. Schumacher. Así que no puedo terminar estos agradecimientos sin reconocer los muchos libros tan importantes y a sus célebres escritores que me han dado forma y argumento. Sé quiénes sois, amigos míos, y sois muchos.

«*Omnes Artes, quae ad humanitatem pertinent*».

Finalmente, doy las gracias a cada uno de los lectores de mis ocho libros y sus dieciocho ediciones. Que vosotros, lectores míos, os convirtáis en otra razón para probar la miel en el té de mis mañanas restantes, el cálido susurro del torbellino de obligaciones de la tarde que os invade cuando dirigís una empresa de consultoría de gestión, y que luego, cuando descanse, pueda recordaros con una gran sonrisa final.

La competencia y el nudo de necesidades sociales: un preámbulo

Hasta aquí la industria, amigos míos, y la atención al negocio propio; a éstos debemos agregar austeridad, si queremos que nuestra producción tenga más éxito.

BENJAMIN FRANKLIN, *El camino hacia la riqueza*

Creo que en nuestro interior todos albergamos el espíritu de competencia. El placer que experimentábamos de niños haciendo más con muy poco todavía está muy presente en nuestra vida adulta. A medida que aprendemos a competir por la atención y los resultados, nos maravillamos de nuestras acciones y experimentamos una sensación de asombro por estar en este mundo. Y eso es precisamente lo que este libro explora: estos aspectos primarios de ser humano.

Te prometo que éste y los siguientes capítulos te proporcionarán información que describe exactamente por qué este nuevo siglo necesita algo importante: la oportunidad de redescubrir el vínculo vital entre la austeridad y la competencia. Redescubrir los placeres y las responsabilidades de la competencia leal es algo que los adultos, aquellos que creen que han terminado de crecer, necesitan especialmente en un momento de privilegio y exceso. Nuestro mundo globalizado será un lugar mucho mejor cuando estos adultos se unan a los nuevos estudiantes y líderes emergentes. Es un proceso social para ajustar nuestras habilidades a estos tiempos cambiantes y severos. *Hacer más con menos* determina el conjunto de principios de reorientación que permiten este nuevo crecimiento en la sociedad en un momento de grandes duda.

Aunque todos recordamos cómo empezamos, este mundo creativo –y tu capacidad de ser efectivo en él–, a veces puede verse reprimido cuando nos volvemos más profesionales. Para muchos, la alegría de la juventud decae en las responsabilidades de la edad adulta. A medida que nos convertimos en abogados o ingenieros, sacerdotes o rabinos, ciudadanos o activistas preocupados, caemos en los patrones del discurso profesional y en esa arraigada espiral de la argumentación entre pares. Pero podemos recordar nuestra primera sensación de ser competitivos de una manera diferente y volver a hacerlo una y otra vez, cada día. Este ser primordial de invención y austeridad permite un nuevo crecimiento, incluso en adultos maduros. Es una lente saludable a través de la cual podemos observar este mundo recién globalizado de escasez y alarma.

Otra forma de riqueza

Pat Mahoney, uno de los exitosos directores ejecutivos citados en este libro, habló sobre los placeres que sintió al subir cada peldaño en la escalera de la pobreza. «Sólo lamento que mis hijos empiecen en un punto demasiado alto de la gran cadena de la vida moderna», señaló al final de los tres días de entrevistas.

Recientemente, Mahoney vendió más de 50 millones de dólares en equipos operativos excedentes y una semana después de aquella venta me dijo: «Ahora puedo comenzar de nuevo con creatividad y regresar a los placeres de ser austero». Lo ha hecho varias veces en su vida. Le pregunté si no sería demasiado ingenuo, como el rey Lear. «No, en absoluto –me dijo–. Puedo volver al escenario del lujo cuando quiero obtener recompensas para mi familia y amigos, pero ahí no me siento como en casa». En otras palabras, quería volver a experimentar esa sensación primordial de escalar el camino a la cima una vez más.

Piensa en este libro como una herramienta de aprendizaje, como una conversación relajada con tu lado más ilusionado. Te reunirás con muchos amigos, como el CEO Pat Mahoney, quienes te ayudarán a descubrir ventajas competitivas en tu camino hacia la riqueza.

Por supuesto, puede que te preguntes qué es exactamente lo que quiero decir con *riqueza*.

En mi opinión, la riqueza incluye la gloria completa de crear y mantener dicha riqueza, no sólo las ganancias materiales que provienen de ella. Las cosas que me satisfacen son los lazos que tengo en el trabajo y en el hogar, equilibrados con la alegría de ser miembro de una sociedad más grande. Y este reino de crecimiento personal y propósito social nunca es estático. Este libro explora el papel que desempeñas en la solución de los muchos problemas de la sociedad, desde la familia y los amigos hasta tu empresa y el mundo en general. Ésa es tu verdadera riqueza.

Esta riqueza incluye el capital social, un concepto que exploramos en los capítulos centrales de este libro. Implica dar pasos hacia la próxima Edad de Oro, un mundo en el futuro cercano donde la combinación de megaciudades y vidas más intencionadas forman el centro de una comunidad globalizada, como se explora en la última parte de este libro. Te prometo que esta próxima era global será muy diferente, y mucho más afortunada, de la proyectada en las muchas obras agoreras sobre nuestro futuro a corto plazo.

Para mejorar aún más este proceso, debes encarnar los principios tan profundamente enaltecidos por Benjamin Franklin y, en cierto sentido, ser como él: austero, inventivo y diplomático. Una vez que aprendes a participar en esta nueva forma más grande de creación de riqueza social, el mundo se convierte en un lugar más inteligible y aceptable.

Fe en nuestro futuro

La magia de la austeridad está disponible para muchas personas hoy en día. Vivimos en el vasto universo de las delicias del consumo, y hay fuerzas que quieren que te pierdas en esa inmensidad. Sin embargo, en tu vida puedes elegir libertad, magia y austeridad, y esta opción te permitirá aprender cómo equilibrar mejor la rapidez y la complejidad de la vida moderna.

Después de una contemplación prolongada, no creo que este conjunto de principios tenga que ver con hacer un trato faustiano con el futuro cercano; en cambio, lo veo como una opción histórica de profundo sentido común. Habiendo conocido situaciones en las que hemos perdido mucho, aquí apoyo un enfoque que permite a los hombres y las mujeres avanzar en equilibrio. Este enfoque consiste en retomar un sentido de equilibrio más natural, más instintivo y original en nuestras vidas competitivas, por el que sabemos que no siempre necesitamos ganar, y que «más» no siempre es la respuesta.

Las fuerzas sociales señaladas y celebradas en este libro están aumentando en importancia global. Estas fuerzas reformarán el destino y la vida de muchas personas. A modo de trabajo de historia social y de negocios, este libro ofrece una gran nueva era de austeridad competitiva: una Edad de Oro, de hecho, de mayor eficiencia, resultados más directos y una competencia más inteligente. Lo que encontrarás en estas páginas son algunas de las primeras voces que articulan este próximo futuro dorado.

Después de los últimos escándalos empresariales y crisis financieras, muchos intereses poderosos y muchas personas influyentes están haciendo preguntas sobre cómo hacer más con menos, desde gobiernos y escuelas secundarias hasta corporaciones multinacionales. Todos ellos buscan este realineamiento a medida que recuperan su equilibrio.

Se avecina un gran cambio, de fuerza histórica. La revista *National Geographic* señala que pronto, en 2012 o 2013, nacerá la persona siete mil millones. Sin embargo, esa persona no se dará cuenta de por qué ésta será probablemente una Edad de Oro.

Y esto es así porque nuestra cultura dominante pierde el poder creativo en este regreso a la austeridad. Muchos siguen distraídos por la lógica del *más*: en la ciencia, en la medicina, en la minería y en la tecnología, y en los juguetes electrónicos que acumulamos. Gran parte de lo que aprendimos en el mundo de los negocios sobre la lógica del crecimiento de los mercados se ha quedado obsoleto.

Este libro te pedirá que formes parte de la respuesta. En 2045 tendrás nueve mil millones de vecinos; aprenderás el valor de jugar duro, y no de lastimarte ni dañar a otros en el proceso. En resumen, exploraremos las ricas complejidades que vinculan la austeridad con la competencia, y la innovación y la diplomacia con la riqueza. A lo largo de este viaje, verás y comprenderás una mejor manera de utilizar los recursos corporativos y personales.

Una práctica de alegría y satisfacción

Pero ¿por qué poner este énfasis en el dinero? ¿Por qué tomar este camino de pensamiento como otro recorrido distinto hacia la riqueza? ¿Y por qué dedicamos capítulos (el cuarto y el quinto en particular) a la descripción de la importancia de la gestión de las emociones y de la creciente relevancia del valor compuesto al administrar tanto el dinero como las emociones?

La respuesta es una que no podemos ignorar: el dinero hace que este mundo avance. Después de protagonizar muchos escándalos, también los que mueven el dinero, los que hacen dinero y los que lo prestan están aprendiendo ahora a hacer más con menos. A estas alturas, todos estamos en el mismo barco y compartimos un mercado global común, con sus turbulencias y sus regalos, así como las mismas limitaciones físicas. Este conjunto de necesidades universales recurrentes se hizo especialmente evidente cuando observé las principales sesenta megaciudades de este mundo como parte de la plataforma de investigación inicial de este libro.

En el fondo, los humanos comparten un conjunto universal de emociones, que surgen del miedo al futuro, de un sentido de libertad y de destino más profundo que la identidad nacional o que la afiliación religiosa. Desde Moscú hasta San Petersburgo, desde Estocolmo hasta Edimburgo, desde Buenos Aires hasta São Paulo, cada una de estas grandes ciudades históricas está preparada para llevar a cabo el tipo de innovaciones derivadas de la austeridad, y esencialmente por las mismas razones históricas.

El ciudadano global de hoy en día sabe todo esto instintivamente, ya sea subiendo una escalera en Singapur o Sídney o entrando en una oficina corporativa en Nairobi, Kenia o Córdoba. Estos ciudadanos despiertos han ajustado sus estilos de vida, desde las maravillosas calles de Palermo hasta el despertar de la eficacia en Barcelona y Lisboa. Equilibran sus deseos y necesidades, a menudo de manera brillante, con estilo y entusiasmo. Aprecio el gusto por la austeridad en algunos de los brillantes conjuntos de moda que se diseñan en Barcelona y Madrid. Hay música y color en su austeridad creativa.

En general, en los grandes centros culturales de todo el mundo, veo un tema común en su celebración de la riqueza y en su comprensión de lo que en este libro llamaremos «capital social». Las personas que marcarán la diferencia en nuestro futuro próximo cultivarán las habilidades registradas en este libro.

Pero muchos de nosotros, específicamente los norteamericanos, el mundo anglosajón, el antiguo nexo soviético y la Europa continental, todavía tenemos que abordar el nudo de necesidades sociales, desde la atención a la salud y los presupuestos equilibrados hasta los temas relacionados con el estilo de vida y el trabajo en casa. Nosotros, en las zonas más ricas del mundo, empezamos a ver ese horizonte de oportunidades. Muchas ciudades y regiones aún no contemplan la promesa en el nexo de austeridad e innovación. Estamos, de hecho, en una encrucijada muy importante.

Hay demasiadas cosas que nos distraen como resultado de nuestra relativa riqueza, desde el baile de la deuda pública hasta los problemas hipotecarios en nuestros vecindarios o la rueda desinflada de nuestros coches cuando estamos en plenas vacaciones. Como señala mi esposa, «Cuantas más cosas tienes, más se rompen».

Este libro te ofrece el compromiso y la promesa de sortear esas cargas y encontrar una nueva creatividad racionalizada en la escasez. Al final, este texto está diseñado para ayudarte a mirar ese futuro cercano, ya a la vuelta de la esquina, en lugar de detenerte como un Hummer tratando de aparcar en los estrechos confines de una calle del barrio histórico de una ciudad.

La magia de los principios

A menudo, las reglas son incomprensibles para aquellos que carecen de principios. Sin embargo, a partir del acto de reencontrarnos con nuestra juventud, de los reveses a los que nos enfrentamos en la vida y del estrés que experimentamos en el trabajo y en el hogar, refinamos un conjunto de principios existenciales que todos compartimos. Ése es el descubrimiento fundamental que he hecho al viajar por este mundo y al escribir este libro. Además, los tres principios globales explorados aquí son aquellos sobre los que fundé mi propia empresa hace treinta años, por lo que ahora puedo afirmar que ya han sido completamente probados.

¿Cuáles son esos principios? Comencemos con los tres combustibles básicos con los que funcionan las organizaciones: dinero, personas y reglas. Todos tenemos emociones profundas y prejuicios primordiales en nuestras actitudes con respecto al dinero, las personas y las reglas.

Este libro ofrece un nuevo enfoque de la competencia y, en el proceso, te proporciona algunas maneras nuevas y liberadoras de alinear mejor estos combustibles básicos en tu vida, tu familia y tu empresa. Estos tres elementos alimentan a todos los gobiernos y a todas las corporaciones. Forman la triple línea de fondo más profunda que articulan los defensores de la sostenibilidad y que conduce a nuestro futuro próximo. Los pueblos antiguos se referían al mismo elemento humano como al «tercer ojo», al ver un conjunto de verdades duraderas sobre el dinero, las personas y las reglas, ya que se necesita experiencia, sufrimiento y conocimiento humanos para encontrar el equilibrio entre estos reinos en competencia.

Una premisa de este libro es que tú importas mucho en esta realineación. Aunque reconocemos que algunos cambios históricos se derivan de la violencia en la naturaleza, y parte de ellos reside en la estupidez total de las diferencias regionales que cambian sólo tras una gran resistencia, en estas páginas hablaremos primero del tipo de progreso manejable que queda por aprehender.

El primer principio es no olvidar a las personas y las reglas en el acto de hacer dinero. El valor de este principio de alineación es claro: cuando se olvida a las personas y las reglas durante mucho tiempo, es muy probable que se derive en el fracaso. Somos testigos de los casos de Enron y de sus numerosos imitadores, así como de todas las empresas que han perdido sus talentos fundamentales porque no operaban de una manera socialmente aceptable. La razón por la que tenemos tribunales, prensa y vigilancia en la comunidad de inversores es para que podamos permanecer, como cultura, muy centrados en el buen gobierno corporativo y en la transparencia.

El segundo principio será quizá el más fundamental desde ahora hasta 2050. Debemos volver a un sentido clásico de restricción productiva, haciendo menos debemos ser agentes del bien en este mundo. Este segundo principio humanista ayuda a explicar cómo las restricciones físicas en cuanto al agua, el aire y la tierra han afectado a la humanidad moderna. Por lo tanto, debemos estar informados, convencidos y encantados al encontrar nuestros límites actuales, al igual que Franklin fue persuadido por los poderes del nuevo mundo.

Debemos ajustar nuestros pensamientos a este nuevo mundo de eventos. El tema del ajuste no sólo es abordado por los pastores de almas, sino que se debate en círculos políticos y se considera en el discurso público. Es un tema que se discute en todas partes, en los asientos traseros de los taxis, en las saunas del YMCA y en los pasillos de los supermercados. Por lo tanto, los capítulos sobre escasez, creatividad, libertad y destino están dedicados a ayudarte a considerar tus mejores opciones, dados los principales desafíos que tenemos ante nosotros hasta el año 2050.

Por ejemplo, puedo predecir que nuestro mundo –ahora constreñido por el capital y los combustibles fósiles– tendrá mucho que aprender de los escritos clásicos del pasado. Cuando se trata de la naturaleza de la competencia leal y la necesidad de austeridad, los clásicos antiguos –desde la Grecia presocrática y Roma hasta la modernidad– son extremadamente perspicaces. Sólo en los últimos ciento cincuenta años, una gran parte de la humanidad se ha olvidado por completo de estos clásicos. Nuestro renacimiento consiste en volver a ser humanos dentro de un mundo restringido, donde el acceso al agua, el aire y la tierra no se da por sentado. Estos elementos son tan necesarios como el acto de respirar. Y necesitan imperiosamente que realicemos un verdadero compromiso con la cruda naturaleza de la moderación y del trabajo en equipo.

Los dos últimos siglos industriales nos han enseñado que, si demuestras demasiada flexibilidad, demasiado exceso, no serás creativo. Te vuelves menos que humano. Te conviertes en una máquina. En el otro lado, en el de los experimentos totalitarios, si tienes poco espacio para moverte, si te reprimen y estás deprimido, también te conviertes en una máquina, pero desde la otra dirección. Todavía hoy tratamos de encontrar el equilibrio adecuado entre la agresión industrial, como podríamos llamarla, y la libertad personal.

He observado que las personas más exitosas y felices aprenden la mejor manera de alinear su dinero, individuos y reglas a una edad temprana. Encuentran un equilibrio creativo que las mantiene en el juego con austeridad y diversión. Son emprendedoras, no máquinas.

Por supuesto, muchas todavía siguen el camino del antiguo pensamiento mecánico. Se puede ver ese sesgo cultural por el exceso personal y la extravagancia industrial incluso en los libros recientes sobre Benjamin Franklin (por ejemplo, el valioso y brillante trabajo histórico del CEO del Instituto Aspen, Walter Isaacson). Aunque el libro es fáctico y constituye una gran lectura, moderniza y profesionaliza al gran Franklin en la medida en que disminuye los elementos clave de su austeridad competitiva que lo hicieron grande.

En su remembranza de Franklin, Isaacson populariza sobre todo los valores del siglo xx. Este gran libro sobre Franklin enfatiza su magia técnica a expensas de su visión real de la naturaleza humana, es decir, que la austeridad y la laboriosidad son los caminos de la riqueza. Ésta es la visión original de Franklin que permitió la era moderna, mucho antes que el petróleo, los aviones y nuestras crisis actuales.

Esta visión antigua de la austeridad y de la innovación se enfrenta a lo que nuestras mejores escuelas de negocios continúan enseñando. Los principios de este libro prueban y cuestionan los supuestos básicos de la cultura de consumo dominante de hoy en día. Sólo aceptando esta creatividad primordial podemos encontrar el verdadero placer y la verdadera lealtad. Y eso es prácticamente gratis.

La alegría y la satisfacción que proporcionan estos principios no se pueden obtener fácilmente a través de ningún otro camino. La meditación, siendo sólo interior y fisiológica, no te las proporciona. Ninguna regulación gubernamental, incentivo o recompensa del mercado corporativo desarrollará la fuerza que proviene del logro de resultados en este mundo restringido.

Sólo tú puedes hacerlo, volviendo al pensamiento de los clásicos sobre el liderazgo social. En el acto de cambiar las cosas a tu alrededor, encontrarás este mundo más inteligible. Estos hechos superiores sobre personas que diseñan su propia sociedad son más profundos que la disciplina científica y que los precedentes legales, porque implican la necesidad de pensar en las acciones que se toman como ciudadano, consumidor y agente consciente en este mundo. Los antropólogos culturales saben que a partir de los cambios físicos aparecen hechos superiores emergentes y luego dominantes. Este libro se centra en lo que significa para todos nosotros apoyar a siete mil millones de almas en la Tierra.

Éste es tu siglo

El último principio, entonces, es que sólo tú puedes encontrar tu ventaja competitiva para crear riqueza. No esperes que tu actual jefe, tus padres o tus abuelos te la entreguen. No puedes obtenerla de ninguna otra educación profesional formal.

Las escuelas de negocios están llenas de ejemplos sobre equipos, y sí, es necesario trabajar en equipo. Pero únicamente tú puedes posicionarte a ti mismo y a tu empresa para enfrentaros a un futuro más severo y adquirir la sabiduría necesaria para tener éxito. Todo lo que Franklin escribió, con ingenio y rigurosidad, es para ti. Y tú también puedes aspirar a ese ideal inteligente. Hacer más con menos es la clave del éxito. Utiliza eso como tu mantra de por vida. Puedes cumplir con las demandas de este siglo como Franklin cumplió con las de su época, y no necesitas nada más que los principios básicos establecidos en este libro.

Estos principios te ayudarán a convertirte en un experto a corto plazo y a ser adaptable a largo plazo. Un enfoque austero y justo de los negocios te prepara para la vida y para la familia y te permite celebrar la sociedad, en lugar de explotarla. Haz de este libro un amigo, en lugar de una orden. Le dará a tu vida una razón para compartir.

Homenaje a Benjamin Franklin

Este libro es mi homenaje a Benjamin Franklin.

Mientras viajo por el mundo, veo que la mayoría de las personas consideran a Franklin como un gran hombre, no sólo como un gran estadounidense. Se ha convertido, en estos más de 300 años, en el primer ciudadano del mundo. Él representa para mí la sabiduría y el ingenio del pasado que está siempre presente. En el capítulo 5, que trata sobre las megaciudades que he visitado por motivos de trabajo, reflexiono sobre cómo la visión de Franklin sobre el capitalismo, que ahora también es la mía, le permitió vivir en el nuevo mundo más satisfactoriamente de lo que él había encajado en la nueva América.

Franklin encarna el principio de deleitarse al hacer más con menos. A los cuarenta y un años de edad, Franklin creía que ya había pasado suficiente tiempo ganando dinero; por lo tanto, dedicó la segunda mitad de su vida a hacer mejores productos y a guiar a las personas prometedoras y laboriosas con las que creyó que mejoraría la sociedad. Las personas de nuestro nuevo mundo todavía admiran ese enfoque. No hace mucho, en Washington D.C., conocí a un taxista de Qatar que me dijo: «¡Ben Franklin es nuestro hombre! Sin él no lo conseguiríamos, nadie podría». Ese himno atlético hizo eco en mi cabeza mientras escribía los muchos borradores de este libro, ya que la mundanalidad de Franklin es más que atlética. Es inspirador ver cómo él se había metido debajo de la piel del conductor, obligándolo a venir a trabajar a Washington antes que a ningún otro lugar.

Hoy en día, mientras viajo en un taxi o en una limusina por las grandes ciudades, un conductor a menudo responde al nombre de Franklin con esa misma alegría bien informada. He vivido esa misma experiencia desde que las ocho ediciones extranjeras de mi libro *World Inc.* me llevaron a otros tantos países. Las presentaciones de mi obra y los compromisos en el extranjero me han enseñado muchas cosas que no podría haber aprendido en los libros. La opinión media de un extranjero sobre Franklin es la de un hombre en el resurgir de un tiempo moderno, alguien que entendió que ser trabajador y austero nos hizo formar parte de este mundo.

¿Por qué, en esta era del consumismo, hay tantas personas en América y en la zona anglo-europea que descartan ahora ese punto de vista y consideran obsoletos los valores y el arte de la virtud promovidos por Franklin?

La apreciación de la austeridad de Franklin y la diplomacia mundana no siempre es compartida por las autoridades modernas. De hecho, al entrar en el vasto reino de los bienes de consumo, muy pocos pueden ver el verdadero valor de Franklin para nuestro futuro.

Debe sorprendernos la excelente nueva biografía de Isaacson porque, en realidad, subestima estos puntos sobre la austeridad y la competencia inteligente de Franklin. ¿Qué pensará de Franklin la nueva era si sólo recibe información sobre su *realpolitik*, su amor por lo técnico y su incesante tendencia al regateo por parte de Isaacson y otros biógrafos, descuidando los pensamientos originales? Los mundos musulmán y asiático, por ejemplo, aprecian a Franklin por lo que es, vívidamente austero y diplomático. Si comparas cómo otros países enseñan a sus jóvenes el pensamiento de Franklin a partir de sus textos, desde India hasta Indonesia, desde Australia hasta África, es sorprendente comprobar que los estadounidenses tienden a olvidar que Franklin fue el padre de la austeridad, la inventiva y la diplomacia social, no sólo del experimento científico de la cometa y de los comedores populares de Filadelfia.

Así, al rendir este homenaje de recuperación de la figura de Benjamin Franklin, recordamos a ese primer individuo primordial que ya conocía la competencia justa y la austeridad cuando llegó por primera vez a Filadelfia hace más de 300 años. En resumen, estamos combinando la autobiografía de Franklin con las necesidades de siete mil millones de nuevos ciudadanos.

Este libro también examina los trabajos de otras personas que han contribuido a los principios descritos, desde E. F. Schumacher hasta un CEO como Pat Mahoney. Pero, en general, el impulso principal para examinar las complejas relaciones entre las artes de la austeridad competitiva y su impacto consecuente en el mundo se deriva de las obras y la vida de Benjamin Franklin.

Él es el padre de este nuevo enfoque de la riqueza, y es el ciudadano global que nos muestra el camino hacia la próxima Edad de Oro. Las siguientes páginas se basan en el ingenio, la calidez y el encanto de Franklin. Pero por ellas pasan también otros autores, como Warren Buffett, que en el fondo son austeros de una manera similar a la de Franklin. En mi experiencia, confirmada por investigaciones científicas y psicológicas recientes, los seres humanos procesan mejor la información conflictiva cuando aprenden mediante la práctica. Tomaremos este enfoque para agudizar tu comprensión del arte de la austeridad competitiva. Al dejar de lado nuestra incredulidad, volveremos a visitar nuestro ser primordial y revisar a conciencia las grandes lecciones de un pasado respetado, podemos superar nuestras adicciones y las ilusiones de nuestras certezas existentes.

Colofón

Cuando consideramos el creciente peso actual de la deuda en la mayoría de las naciones industriales y en desarrollo, experimentamos una sensación de profunda cautela y preocupación. Los gobiernos, tal como los conocemos, están sobredimensionados y demasiado extendidos, excepto unos doce de los más de ciento noventa y cuatro que existen en la actualidad. Por tanto, debemos considerar los problemas y la agitación a la que se enfrenta la mayoría de los políticos, desde Grecia hasta Inglaterra y Estados Unidos, y apreciar lo difícil que es para ellos, o para la prensa que cubre su actualidad en una especie de frenesí, concentrarse en cualquier cosa que no sea el enfoque a corto plazo y altamente politizado de los propios intereses por los que trabajan. Es muy fácil ver por qué permanecen dentro de sus propias y estrechas áreas de control hasta que todos perdemos el control, como lo demuestran los casos del Fondo Monetario Internacional (FMI), el Banco Mundial, y nuestros prestamistas hipotecarios actuales, demasiado extendidos tanto por Europa como por Estados Unidos. Finalmente, cuando consideramos cómo hoy en día la deuda se ha tragado a tantas personas y empresas de todo el mundo, cómo el lustre de la autodeterminación se ha perdido al ritmo de esa deuda, comprobamos que muchas de nuestras respuestas se vuelven técnicas y económicas, y por lo tanto extrañamos la verdadera fuente de soluciones que se menciona en este libro.

Todos los expertos que están actualmente en el poder deben prestar atención al poderoso consejo que da Franklin en *El camino hacia la riqueza*, o pronto serán desplazados. Verás que su percepción va mucho más allá del aforismo «Un centavo ahorrado es un centavo ganado», y que si se practica puede realmente valer millones. Este libro coloca a Franklin ante todos nosotros como el modelo de lo que muchos pueden lograr en este nuevo siglo.

En los últimos ciento cincuenta años, hemos hecho tantas cosas mal por lo que respecta a la remodelación de las culturas industriales modernas que un gran número de ciudadanos se pregunta si podemos hacer algo bien. En cierto sentido, hemos tenido que cometer estos errores para aprender. En este momento de mi vida, y en este momento decisivo de la historia de la humanidad, realmente creo que tomarás más decisiones que te permitirán obtener buenos resultados si confías en los principios subyacentes en este libro y encuentras una manera de aplicarlos.

Hacer más con menos es la clave del éxito.

Resumen del preámbulo

- La oportunidad abunda a partir de la realineación del dinero, las personas y las reglas.
- Al volver a los clásicos, podemos encontrar soluciones para el desperdicio y el exceso en la sociedad.
- Piensa en la riqueza como en un enriquecimiento de la vida, y no sólo en hacer dinero.
- Nuestra población pronto alcanzará los siete mil millones de habitantes, así que hacer más con menos será el mantra global.
- Un enfoque de negocios austero y justo te prepara para la vida.

PARTE I

La competencia
y el nudo de
las necesidades sociales

La educación es lo que sobrevive
después de que lo aprendido se haya olvidado.
B. F. SKINNER

Capítulo 1

En la empresa de los zopencos

Piensa por un momento en lo que estás haciendo cuando te endeudas: cedes tu libertad a otro poder. Si no puedes pagar a tiempo, te avergüenzas si ves a tu acreedor y te da miedo hablarle. Incluso puedes darle una excusa pobre y lamentable, y como resultado perderás tu credibilidad. Hasta puedes hundirte en la mentira, porque si «El segundo vicio es mentir, el primero es endeudarse», como dice el Pobre Richard.

BENJAMIN FRANKLIN, *El camino hacia la riqueza*

Inadvertidamente, me encontré con la siguiente perspectiva de la competencia.

En una ocasión, mi esposa y yo estábamos disfrutando de la serie final de hockey universitario de la National Collegiate Athletic Association (NCAA), y habíamos llevado a nuestra hija Colette, que entonces tenía doce años, a todos los partidos. Nunca olvidaré el placer de verla asombrada por la velocidad y el talento de los movimientos acertados y rápidos de los jugadores de hockey. Pero nuestra felicidad fue interrumpida por cuatro indignantes cabezas de chorlito.

Teníamos asientos de primera fila para los últimos cuatro partidos, y aquellos cuatro grandes machos estuvieron allí en cada uno de ellos. A medida que presenciábamos el calibre y las habilidades de los brillantes jugadores de los mejores equipos, aquellos cuatro tipos empezaron a comportarse cada vez peor. En las semifinales ya actuaban como locos, golpeando el cristal con las cabezas y las manos cada vez que los oponentes pasaban por delante, hasta que al final fueron expulsados por los guardias de seguridad.

En el intermedio, mi hija me preguntó: «¿Están borrachos?», y tuve que responderle que no.

Luego me preguntó: «¿Por qué se toman esto tan en serio?». ¡Qué pregunta tan perspicaz para una niña de 12 años!

De alguna manera, a esa edad tan temprana, Colette ya sabía cómo resistirse a la influencia del secuestro emocional. Comencé a preguntarme si los adultos con alto coeficiente intelectual podrían aprender algo de las preguntas de mi hija, así que comencé a reaplicar todo lo que había experimentado y leído usando esa comprensión de la competencia basada en el deporte.

Franklin nos alienta a explorar los límites y las fronteras de nuestra competitividad, ya que señala cuánto nos desafiamos a nosotros mismos con el orgullo, el sinsentido y la ociosidad. Esta conciencia del yo en la sociedad es una parte importante del genio de Franklin, que contrasta con la tendencia de los zopencos a destruir el valor social y a ensuciar con el despilfarro su camino hacia la riqueza. Porque lo opuesto a la austeridad es esa estúpida habilidad para derrochar en asuntos que no se pueden cambiar por completo.

Antes de seguir avanzando, debo decir que he llegado a las observaciones y conclusiones de este capítulo a regañadientes. Nuestra cultura dominante, así como mi negocio y mi entrenamiento atlético, me han enseñado a resistir este descubrimiento. Casi todo lo que he aprendido me ha enseñado a ser egocéntrico en mi competitividad, a ayudar al mundo pero ayudándome primero a mí mismo.

La noción de capital social, las redes en las que los líderes como Franklin se basan para abordar las necesidades públicas, contrasta con ese egocentrismo o idiotez de equipo. El capital social implica valores compartidos que pueden intercambiarse y mejorar para la colectividad. Esto se ve en los deportes y en las compañías que valoran más los resultados grupales que los individuales.

Este concepto de capital social, que exploraremos en los capítulos 3-6, tiene mucho que ver con las ideas que obtenemos cuando competimos por la austeridad y la innovación. Exploraremos si el capital social incorpora un conjunto más elevado de principios que lo hace a la vez diferente y más rico que la inteligencia emocional (IE). Es casi como si la IE optimizase sólo al individuo, y ayudara a una sola persona a pasar de buena a excelente, mientras que la idea de competir por el valor social o el capital social expande al individuo hasta convertirlo en un ciudadano y en un servidor en lugar de ser sólo un competidor. (Pero hablaremos más de eso en la segunda parte de este libro).

Los líderes eficaces cultivan el capital social con cuidado. Lo verás en aquellos que son elegidos como capitanes en los equipos deportivos, como directores ejecutivos (CEO) y líderes de equipo en las empresas, o rectores en las universidades. Estos líderes tienen el control necesario para aprovechar la red social en beneficio del grupo. Sí, toda persona tiene derecho a disfrutar del deporte, el tiempo libre y la diversión. Pero ¿cuántos hombres y mujeres modernos aportan valor social al hogar y al trabajo cada hora de cada día?

Emily Dickinson estaba en lo cierto cuando afirmó que «el alma elige su propia compañía». Pero un hecho más importante se cierne sobre este proceso de selección, ya que ahora, a través de la historia social, sabemos cómo las sociedades seleccionan a sus líderes. Una y otra vez, el filtro de selección se basa más en el capital social que en el financiero. Por eso los multimillonarios rara vez son presidentes, y los muy ricos no manejan la mayoría de los aspectos de este mundo.

Lo que olvidamos en exceso

La verdad es que desperdiciamos la mayor parte de nuestra juventud en una competitividad excesiva, malgastando el tiempo, y cuando somos adultos necesitamos el suficiente exceso para condimentar las cosas. Quizá ésta es la razón por la que hay tantas citas geniales sobre qué desperdicio es que la juventud pertenezca a los jóvenes. La devoción de los zopencos por los excesos extremos es un asunto más serio y empeora con el tiempo porque se vuelve habitual, casi como una adicción.

Algunos tipos corporativos son un 99 % egocentrismo y un 1 % conciencia social. Nunca serán promovidos en el futuro. Sienten que son el futuro, pero son pequeños en su actual mazmorra y no importa cuán lejos lleguen sus mejores proyectos. De hecho, tildan a los demás de socialistas si hablan de tener obligaciones más grandes que las de su propia tribu y la de su empresa.

En el ámbito de los negocios y los deportes, parte de este egocentrismo necesita ser quemado mientras seleccionamos y establecemos nuestras identidades. Tenemos un término: *ligas menores*, con el que se da a entender que los atletas son más primarios e instintivos y hacen lo que pueden.

A medida que maduramos, algunos de nosotros entramos en las ligas mayores. En estos puestos más altos, los gerentes y los ejecutivos a menudo tienden a demostrar más moderación, más reserva (pero no siempre). A veces ese egocentrismo sigue acompañándonos a medida que envejecemos, haciendo que el dinero nos queme en las manos. Un esfuerzo inútil, una manera de desbaratar nuestro futuro compartido.

En este entorno de alta competencia, creé mi empresa (www.AHC-Group.com) siendo agresivo en la facilitación y jugando duro. Nuestros abogados, investigadores, ejecutivos y empleados cuidadosamente seleccionados participaron con una competitividad similar. Nos llamaban *emprendedores feroces*. El mercado nos recompensó, adivinando que teníamos cuatro veces nuestra presencia real de talentos.

Pero ahora puedo confesar que desperdicié enormes cantidades de tiempo y energía antes de aprender, a principios de mi vida adulta, a ser más eficiente y austero, compitiendo con los principios que explora este libro.

En la actualidad hacemos mucho más con menos: menos en términos de personal y de pérdida de tiempo, y más en términos de consecuencias sociales. Y de ello hemos recibido una recompensa abundante, con menos deuda y riesgo, y muchas más ganancias en términos de ingresos, reputación y relaciones sociales. Así que cuando escribo sobre las artes de la austeridad competitiva lo hago a partir del descubrimiento personal.

Aquel despilfarro infantil derivaba de la manera en que fui entrenado para competir. Ahora veo, tras dejar atrás esa actitud infantil, dónde reside el quid del verdadero liderazgo. Debemos compartir el descubrimiento de la diferencia entre jugar duro y jugar perjudicando, entre el autoengrandecimiento y el resultado grupal, antes de que sea demasiado tarde. La austeridad creativa requiere de esta nueva comprensión del esfuerzo. De lo contrario, seguiremos ganando cosas que no importan.

Un regalo disponible para los jóvenes

¿Por qué importa cómo jugamos?

Bueno, es muy importante porque, al final, nuestras vidas ganan más valor por el capital social que por cualquier medida de capital financiero.

Puedes sentir y respetar la reputación mucho más vívidamente que los números de tus cuentas en el extranjero. Puedes evitar caídas trágicas a través del entrenamiento de sucesión y la generosidad.

No estoy diciendo que ésta sea la única respuesta a todo lo que tenemos ante nosotros, como los duros caprichos del destino o la crueldad de las circunstancias más extremas. En cambio, estoy sugiriendo que hay una manera inútil de lidiar con el complejo equilibrio entre la libertad y el destino. Que es el camino del zopenco. Pero también reclamo una idea más consistente: eres libre de ahorrar lo que ganas, de forjar más libertades y de evitar guerras improductivas.

Considera, por ejemplo, que las biografías de quienes hacen más con menos, de quienes prosperan frente a los límites, son mucho más convincentes para la mayoría de nosotros que las de los multimillonarios. Piensa en Juana de Arco, en Gandhi o en Abraham Lincoln. Fueron personas que hicieron mucho con muy poco. Eran austeros, admirados líderes sociales. Se apartaron, evitando por todos los medios la decadencia de su capital social. Esto, sospecho, es algo que sabemos antes incluso de asistir a la universidad.

Jugar duro es una cuestión de buena preparación, entrenamiento y deportividad. Jugar perjudicando al prójimo es animar de manera incorrecta, como aquellos zopencos de los partidos de la NCAA de los que hablaba antes.

No me refiero a esos casos heroicos de los deportes competitivos en los que alguien logra grandes resultados mientras juega físicamente lesionado. Más bien me refiero a jugar perjudicando en un sentido social y psicológico, más como un Mike Tyson o un CEO que roba a su propio equipo. Esas personas lanzan la moderación al viento, suspenden la necesidad social y dejan de lado el buen espíritu deportivo. ¿Ves el espectro de desintegración, o regresión al yo, que ocurre en tales casos? He leído suficiente información sobre la desaparición de las siguientes grandes empresas que se declararon en bancarrota como para establecer un paralelismo notable con los problemas de los zopencos (*véase* la Figura 1.1).

1. Lehman Brothers
Fecha de presentación de la quiebra: 15/9/2008
Activos: 691.000 millones de dólares.

3. WorldCom
Fecha de presentación de la quiebra: 21/7/2002
Activos: 103.900 millones de dólares.

4. General Motors
Fecha de presentación de la quiebra: 1/6/2009
Activos: 91.000 millones de dólares.

5. Enron
Fecha de presentación de la quiebra: 12/2/2001
Activos: 65.500 millones de dólares.

7. Chrysler
Fecha de presentación de la quiebra: 30/4/2009
Activos: 39.000 millones de dólares.

9. Pacific Gas & Electric
Fecha de presentación de la quiebra: 6/4/2001
Activos: 36.000 millones de dólares.

10. Texaco
Fecha de presentación de la quiebra: 12/4/1987
Activos: 34.900 millones de dólares.

Figura 1.1. Las principales empresas que se han declarado en bancarrota

Aquello que funciona mal en tantos equipos deportivos lo vemos aún con más frecuencia y con mayor costo en el mundo de los negocios.

Jugar perjudicando al prójimo es a largo plazo, la peor manera de cumplir el destino de tu empresa. La mayoría de nosotros trabajamos en una empresa, y la pregunta fundamental es si la percibimos como propia. Seamos testigos de las quiebras expuestas anteriormente, cuando las empresas estaban atendidas y dirigidas por zopencos ingobernables. Mi corazonada es que, en el momento en que las personas deciden cobrar impuestos sobre el capital social, explotar el bienestar de sus equipos o ignorar a sus fans o clientes, entran en el reino de los zopencos.

Lograr resultados

Entonces, ¿cómo podemos lograr resultados en un mundo tan cambiante? ¿Cómo puedes desarrollar dentro de ti, de tu empresa y de tu familia los principios de la competencia que te permitan prosperar en este mundo veloz y cada vez más complejo, un mundo de desafío global?

Para lograr una solución satisfactoria para tu deseo de competir en un mundo superpoblado, necesitas alcanzar la austeridad y el equilibrio. Debes realinear el dinero, las personas y las reglas consecuentemente. Éste es el primer paso para dejar de ser uno de los zopencos, estoy seguro.

El siguiente párrafo demuestra por qué esta urgencia de reequilibrio es un resultado físico de la densidad de la población.

A medida que agregamos más personas al campo de juego, la competencia que permita el éxito se volverá más austero y requerirá mayores grados de innovación. Mi apuesta es que este mundo más pequeño y más poblado, un mundo anunciado en el mensaje «mundo inteligente» de IBM, requerirá, como mínimo, competidores que sean jugadores de equipo.

Mis libros anteriores, *World Inc.* (2007) y *The Surprising Solution* (2010), exploraron cómo el comportamiento corporativo está cambiando en un mundo lleno de miles de millones de personas. Pero en ninguno de los dos me detuve el tiempo suficiente para explicar lo que realmente distorsiona e interrumpe la competencia real en las empresas. He escrito este capítulo, tal vez incluso este libro en su totalidad, para corregir dichas simplificaciones.

¿Por qué debemos ir más allá de simplemente «ser buenos para ser excelentes»?[1]

Dos cosas han cambiado desde que escribí esas obras sobre la globalización y las necesidades sociales y, por lo tanto, que inspiraron la investigación más amplia de este libro. Primero, entre 2010 y 2011 varios de mis clientes le pidieron a mi empresa que comenzara a evaluar por qué empresas tan importantes como Toyota y BP «se habían equivocado» con respecto a sus riesgos sociales. BP experimentó una pérdida de valor de más de 20.000 millones de dólares debido al desastre ambiental de la plataforma petrolífera Gulf Deepwater Horizon, mientras que Toyota tuvo serios problemas de calidad que le costaron miles de millones y que hicieron descender sus acciones durante algún tiempo. Esta solicitud de mayor información sobre los riesgos empresariales provino de clientes de firmas muy poderosas, incluido el CEO y director financiero (CFO) de Warren Buffett's Shaw Industries, de líderes clave en Hess, del nuevo presidente del FMC y de un importante vicepresidente

---

1. Aquí el autor se refiere al libro *Good to Great*, de Jim Collins.

de ingeniería de ConAgra. También escuchamos rumores entre nuestras más de cuarenta empresas afiliadas. Esto derivó en una cierta tensión (y algo de dolor) entre nuestro personal y también entre nuestros principales asociados. Nos dimos cuenta de que en aquellas preguntas sobre la anticipación en la gestión de riesgos empresariales había algo más: como empresa, habíamos puesto toda la carne en el asador cuando se trataba de gestionar los principales cambios en la conformación del mercado por los que nos habíamos dado a conocer. Pero sólo estábamos empezando a comprender lo que realmente se necesita para llevar a cabo una buena gobernabilidad cuando se trata de emprender este tipo de acciones.

En segundo lugar, comencé a responder a las solicitudes regalando a mis clientes un libro reciente de Jim Collins, *Cómo caen los poderosos: y por qué algunas empresas nunca se rinden*. Aquél fue el regalo de vacaciones para una serie de clientes clave cuando mi empresa se acercó a la celebración de su trigésimo aniversario. Todos admiramos la perspicaz competitividad de las obras de Jim Collins. Pero, pronto, mis clientes quisieron más. ¿Por qué? Bueno, una vez más, la respuesta fue que ya existían nuevos cambios importantes en la historia cultural y cambios muy significativos en las expectativas de los ciudadanos. Hemos experimentado varias crisis financieras globales desde que Jim Collins escribió su reflexión sobre las etapas del fracaso.

Como señala Gene Miller en el Prólogo, en todo el mundo muchas personas se han dado cuenta de que estas crisis se producen por razones sólidas. El ciudadano sabe ahora que la deuda excesiva y la mala gobernabilidad pueden demostrarse no sólo frente a los líderes corporativos, sino también ante la gente. Mantengo conversaciones bastante serias sobre cómo disminuir la deuda, dirigir la propia carrera y manejar las finanzas personales con los taxistas que me encuentro mientras viajo por este mundo. Esta educación financiera y estas preocupaciones sobre la deuda son relativamente nuevas en este siglo, pero son muy frecuentes. Al pedirme que redactara un capítulo como éste, mis clientes creen que lo que necesitan es llegar a ese núcleo podrido del problema de la competencia moderna, no sólo a una mayor comprensión de las corporaciones. Llamarlo «celebración de la codicia», como vemos por ejemplo en la película *Wall Street*, protagonizada por Michael Douglas, es demasiado simple. Mis clientes y estas multinacionales necesitan un marco basado en una noción humanística de «qué significa ganar en este nuevo siglo» (como lo expresa mi cliente de Hess), un siglo que ha expuesto a muchos a riesgos, no sólo a las élites que manejan los negocios. Y tiendo a estar de acuerdo con ellos. Necesitamos delinear una nueva manera de ganar que combine lecciones de negocios y de vida, y el esfuerzo de todos con libertad. El riesgo empresarial se rige y se administra mejor no desde arriba hacia abajo. En realidad, no es un protocolo de ingeniería técnica, ni un desafío formal de gobierno, como siguen sugiriendo revistas del tipo *Harvard Business Review* o *Directors and Boards*. Esos puntos de vista emitidos desde los altos cargos se olvidan de la verdadera fuente de los escándalos: el corazón humano y la avaricia de los líderes. En mi opinión, son problemas que pertenecen más al terreno de un Franklin y de un Shakespeare que al de un Jim Collins o de un John Kotter.

Cuanto más pensaba en esto, más me convencía de que los zopencos se han vuelto elementales en los negocios, casi universales en el espectro de la actividad industrial después de la Segunda Guerra Mundial. Por ejemplo, el personaje de comic Dilbert es un éxito de ventas porque todos conocemos a alguien así en el trabajo, en la calle o en nuestro vecindario.

Hemos desarrollado un conjunto de reglas que permiten a los zopencos moverse por los despachos de las empresas sin transparencia, sin rendir cuentas, colgando sus sombreros sobre derechos que realmente no se han ganado en la vida o en el trabajo.

Lo que está debilitando al capitalismo avanzado es su senilidad: ha olvidado el vínculo siempre vital entre competitividad y austeridad.

La empresa de los zopencos

Hay que resaltar algo: hoy en día hay demasiados zopencos en el mundo empresarial. Algunos tienen la tranquilidad y la confianza de los tontos bien pagados; muchos son ruidosos y están equivocados. Ninguno se puede realinear fácilmente para servir a la sociedad. Y aunque es más fácil identificar a los zopencos entre los fanáticos de los deportes que en los negocios (como demostró mi hija de 12 años), puedo asegurarte que después de treinta años como consultor de gestión sé que también prosperarán en los negocios modernos.

Pero ¿quiénes son estos zopencos?

Son esos chicos y chicas que organizan incursiones altamente visibles durante reuniones corporativas con buena asistencia en apoyo de algún elemento muy intranscendente. Son los opositores a la austeridad del esfuerzo. Luchan por un tipo de atención fugaz en la sede central para servir a pequeños fines. No pueden disfrutar de un juego de estrategia seria a largo plazo; llegados a un cierto punto, se lanzan a un tipo de juego más pequeño.

En este libro desentrañaremos este fenómeno lentamente. Se ha deslizado en nuestro medio, en nuestras oficinas centrales y regionales, silenciosa y hábilmente a lo largo del tiempo, como un trovador medieval que en realidad es un espía en nuestro castillo. Necesita ser eliminado metódicamente, como las capas que no se aprovechan de una cebolla madura.

El zopenco supernormal

Por supuesto, es normal que quieras que gane nuestro equipo. Lo sentimos en los huesos, más de lo que sentimos la naturaleza de la ciencia o de la ley.

Necesitamos animar tanto como sonreír. Pero también debemos saber dónde acaba la competencia leal y dónde comienza la competitividad excesiva.

ESPN informa que todo estadio deportivo profesional recién construido necesita dos calabozos en su interior para meter a los zopencos. ¿Por qué? Estos verdaderos fanáticos ingobernables se están convirtiendo en parte del juego, tanto en el deporte como en el trabajo. Incluso conozco sedes corporativas que han recurrido a este tipo de salas del pánico.

Deportes extremos, actitudes empresariales extremas

El zopenco es ruidoso y desagradable. Los estadios capacitan a sus empleados para lidiar con sus frecuentes comportamientos irracionales por una razón. Sin embargo, en general, la literatura empresarial sobre el diseño organizacional (OD) y las dinámicas y terrenos del OD y de los recursos humanos han demostrado ser débiles e indolentes ante todo esto. Permiten que exista tal despilfarro.

El tema clave aquí es que muchos de estos líderes corporativos y deportivos están jugando mal. Merecen tu ayuda; en cierto sentido, claman por ello. Su comportamiento se basa en su subestimación del valor del capital social para sus vidas. Han perdido la perspectiva social. Se arriesgan a lastimarse a sí mismos y a desbaratar el juego en sí. Hace tiempo me pregunté si estas experiencias que vivía en torno al deporte eran paralelas a las que experimentaba en el mundo de los negocios.

De bueno a excelente y a extremo

¿Qué nos dice todo esto acerca de los derechos de los zopencos en la competencia hoy en día? Primero, dice que no puedes arreglar del todo lo que perjudica a tu empresa leyendo y aplicando las obras de las voces de Harvard, o incluso las obras de estrellas como Jim Collins y John Kotter. No me malinterpretes: son grandes pensadores, pero ninguno de ellos sabe o se detiene a pensar en cómo dirigirse al zopenco. Cuando se trata de equilibrar los sistemas para evitar la estupidez, *Los documentos federalistas*, desde 1787 hasta 1788, proporcionan una mejor percepción que todos los libros de negocios que se han escrito desde entonces.

Nuestra cultura continúa permitiendo que estas hiperpersonas cobren fama y estatura; esto es a lo que me refiero con jugar perjudicando. Es un problema más serio que aquellos elementos contraproducentes capturados brillantemente en las viñetas de Dilbert. Éste sólo quiere que nos riamos un rato. Pero debemos encontrar una manera de superar esa risa nerviosa que no es más que un ejercicio de aceptación.

El pensamiento del zopenco no es ni bueno ni grande. Se trata de un yo excesivamente competitivo. Los zopencos ya no se cuestionan ni se preguntan: «¿En el juego, estoy interfiriendo en el placer de mi vecino? ¿Es posible que mi familia y mis amigos perciban mis acciones como cuestionables?». En cambio, se dio el caso de que en más de una ocasión algunos hinchas orinaron en los depósitos de gasolina de los coches de los aficionados del equipo contrario. Cuando se les preguntó por qué, informaron, con una especie de humor inexpresivo, que «porque llevan la insignia del equipo contrario en el parachoques trasero».

En resumen, éste es un problema corporativo y social más grave y más profundo que los abordados por Jim Collins en *Cómo caen los poderosos*, ya que involucra a las personas comunes, no sólo a las grandes. Collins, el observador experto cuyo libro *Good to Great: Why Some Companies Make the Leap… and Others Don't*,[2] sigue siendo un favorito perenne, describe en su libro más reciente las cinco etapas del declive. Esta afirmación suena bien. Sin embargo, esas cinco etapas del declive sólo son importantes para aproximadamente el 5 % de las personas corporativas; en concreto, las que toman las decisiones clave. Jim es exactamente perspicaz para los CEO, los CFO, los directores de operaciones y los líderes de pérdidas y ganancias de las unidades de negocios y, a veces, es muy inteligente a la hora de hablar sobre la resistencia aerodinámica de los ejecutivos técnicos y del personal de asesoramiento general.

Pero aquí llegan las malas noticias.

La gran mayoría de las empresas de hoy en día no se abordan en el análisis que realiza Collins en sus grandes libros. Cuando una empresa

---

2. «De bueno a excelente: por qué algunas empresas dan el salto… y otras no». *(N. del T.)*

empieza a descender, es cuando los líderes deben evitar cometer nuevos errores y hacer que todos vuelvan a trabajar. Collins habla del éxito como suerte, porque muchos de sus primeros casos han quedado obsoletos rápidamente. Rara vez se aparta de su celebración de la competitividad rica en datos para cuestionar a los zopencos de la empresa.

Peter Senge y el legendario Peter Drucker difieren en sus visiones del mundo de la del competitivo Jim Collins. Drucker se parecía mucho a Franklin: ingenioso y consciente de la futilidad humana y bastante interesado en la estupidez de la competitividad excesiva. La respuesta está en algún lugar entre esas grandes mentes, de vuelta a las formas básicas de recompensa y orientación del personal. Drucker ha seguido el camino de pensamiento más difícil para desbloquear las verdaderas fuentes del despilfarro de una empresa. Collins se enfoca en la cima competitiva, que no representa más del 3-7 % de la mayoría de las empresas modernas, según mi experiencia. Y los problemas son mucho peores cuando se llega a organizaciones sin ánimo de lucro.

Todavía no puedo informar sobre el ritmo de pensamiento zopenco en el edificio corporativo moderno. Pero he visto juntas influidas por un comportamiento similar por parte de los directivos, con la excepción de que sus zopencos no implicaban ninguna parte del cuerpo.

Y, cuando digo parte del cuerpo, me refiero a una paradoja de la vida moderna que incluye a ambos sexos, según mi experiencia. Por ejemplo, yo trabajo con mujeres que afirman considerar la vida en la empresa como más valiosa que la vida en la sociedad. Es posible que conozca a muchos hombres que han sacrificado el sentido común y la moderación para quitarse sus sombreros ante un exceso como el de Enron. Quizá estoy siendo un poco excesivo en mi retórica, sin embargo, no creo que esté exagerando demasiado. Desde la Segunda Guerra Mundial, tanto las mujeres como los hombres han sido muy a menudo víctimas de la codicia. Nuestras formas de competencia, en ocasiones, se han vuelto seniles cuando se trata de propósitos sociales.

Ya sea hombre o mujer, primitivo o avanzado, el mecanismo que permite que caiga el poderoso implica un cambio en la manera de pensar que facilita un sentido de autoestima y la creencia de que uno puede determinar el resultado de juegos que realmente no controla. Es tan simple como eso. Si aprendemos a usar la austeridad y la competencia justa para mantener ese cambio, tendremos la oportunidad de aportar un valor real a nuestras vidas.

Nuestro ejemplo primordial

Es posible que todavía no hayas visualizado completamente lo que tengo en mente. Tomemos a Craig Coakley, por ejemplo, como nuestro principal y peculiar modelo en el mundo de los deportes. Aparece en YouTube y en ESPN, y en la prensa general. Con una competente formación como fontanero, el señor Coakley compra con frecuencia entradas para los partidos en casa de los New York Mets, y es un zopenco.

Coakley llevaba pintado en la espalda «Let's Go Mets». El problema es que cuando se metió en el campo por primera vez durante el juego, iba desnudo, a excepción de un extraño juguete infantil con forma de serpiente en la zona de las ingles. Miles de personas le tomaron fotografías y luego millones compartieron la imagen de su trasero a nivel mundial. Veo pequeños paralelismos entre esa acción y la mayoría de las empresas a las que he aconsejado.

Coakley trató de hacer una carrera de una base a otra, desnudo, hasta que fue detenido por un grupo de esos profesionales de seguridad del estadio que llevan gafas de sol como las del FBI. Para cuando lo atraparon, algunos hinchas ya se estaban volviendo locos.

En una declaración judicial, Coakley aseguró que su motivo «era ayudar a mi equipo». No podía entender por qué muchos de sus amigos sentían que todo aquello se le había ido de las manos. Tampoco entendía por qué sus ancianos padres estaban tan molestos con él. Y no podía creer que los directivos de los Mets lo hubieran puesto en la lista negra. Desde su primer arresto ha sido expulsado del estadio en tres ocasiones. Él persiste de una manera intensa y exagerada, se podría decir. Supongo que todos los competidores necesitan un pequeño exceso: fiestas de cigarros puros y otras juergas propias de las competiciones cotidianas. Piensa en esos boxeadores y en esos jugadores de baloncesto que conducen coches deportivos a toda velocidad por el borde de acantilados o en el interior de aparcamientos subterráneos. Pero mira la Figura 1.2.

El fanático de los White Sox William Ligue, Jr. y su hijo de 15 años atacan al coach de la primera base de los Royals, Tom Gamboa, en Comiskey Park.

Bernie Madoff
BERNARD L. MADOFF, Inversor financiero
Nueva York-Londres

En la media parte de un partido del Galaxy, Josh Paige, salta la barrera para enfrentarse a David Beckham del equipo de Los Ángeles, quien estaba gritando al grupo de hinchas Riot Squad.

Jeffrey Skilling

Craig Coakley, hincha de los Mets, se desliza hacia la primera base.

John Rigas

Figura 1. 2. Zopencos en los deportes y en los negocios

Esos comportamientos no son exclusivos de las estrellas deportivas. Algunos empresarios son violentos; otros, compulsivos. Algunas personas de cuello blanco son, de hecho, criminales, mientras que otras son antisociales. ¿Dónde trazamos la línea? ¿Cuándo deben intervenir un buen gobierno corporativo y una sólida capacitación y entrenamiento organizacional? ¿Y cuándo debería la solución residir en los sistemas sociales? ¿Cuál es tu rol, como líder de tu empresa, en la solución de este conjunto de problemas serios y recurrentes en la corporación moderna?

Mi punto de vista es simple, pero a menudo se pasa por alto. Estos imperativos para detener a los zopencos se vuelven más reales en un mundo de creciente escasez.

Esto ya ha sucedido antes en las sociedades humanas, desde las antiguas hasta las modernas. Si bien distraer a las multitudes con el deporte y el entretenimiento masivo en el Coliseo para que no se fijaran en la política no dejaba de ser un buen truco del gobierno romano, al final no funcionó del todo. Puedes alimentar a las masas durante mucho tiempo con deportes y humo, y puedes intentar satisfacer sus cada vez más fuertes necesidades de entretenimiento, pero al final el juego de la vida requiere una mayor austeridad y una clase de moderación más importante. La Figura 1.3 muestra cómo la reputación en la restricción afectará el resultado final.

Figura 1.3. Gestión de la reputación financiera final trasladada
a la vanguardia en la valoración
Fuente: adoptada por AHC Group de Ipsos Public Affairs © 2008.

La *austeridad*, otro término para el autodominio y el autocontrol, es verdaderamente el juego final de los grandes. La necesidad de equilibrar nuestras libertades y el destino lleva tiempo; debemos construir una plataforma que nos permita desarrollar las habilidades en las que las personas han llegado a confiar. Éste es un enfoque duradero para ser competitivo en el mundo. Los verdaderos competidores son fiables, incluso cuando pierden.

Figura 1.4. Beneficios de la austeridad competitiva

Nuestro tema es hacer hincapié en las artes y los beneficios de la austeridad competitiva. El resultado es una competencia justa, no sólo una competencia senil. El resultado es consciente. Cada competidor debe equilibrar la preparación, la energía, los recursos y el sentido de la situación con las acciones (*véase* la Figura 1.4). En lugar de pagar el precio del zopenco, puedes subirte a los hombros de gigantes como Franklin, Lincoln y Gandhi, mejorando así tu vida casi gratis. Puedes viajar mucho a través de libros relativamente económicos, como hizo Lincoln cuando estaba en la Casa Blanca. Si eres más selectivo puedes elegir a los ganadores, en lugar de acumular personal. Hay otra forma de riqueza.

Caminar hacia la riqueza

El arte de la austeridad competitiva es lo que te hace libre.

Sin embargo, si olvidas esto y te quedas atascado en movimientos repetitivos, es muy fácil perder el camino. Por eso tenemos salas llenas de terapeutas ocupacionales y profesionales, así como todas las profesiones relacionadas con la salud mental y física.

El psicólogo clínico James M. Glass resume esto en un párrafo revelador que utilizo para reafirmar el núcleo central de este capítulo. Sabemos cuándo alguien perjudica a la sociedad, pero a menudo se necesitan muchas etiquetas y palabras para descubrir exactamente qué es lo que ha hecho mal:

> Creo que el poder participativo no puede mantenerse sin una lucha constante contra la tendencia a retroceder hacia estados delirantes o psicóticos del yo… Este efecto del yo para mantener una reciprocidad y una mutualidad psicológicamente seguras indica una transición de desarrollo psicológico del narcisismo y la omnipotencia a la realidad consensual, o al mundo de la sociedad, el derecho y las concepciones históricas del tiempo.

En suma, todos estamos en compañía de zopencos. Abundan en la sociedad moderna y a menudo descienden a lo ilusorio. Debemos conseguir que reformen sus caminos. En tiempos de errores, no puedes encontrar una solución ni obtener todas las respuestas mirando sólo a las altas esferas de las organizaciones. Las respuestas residen en tus elecciones con respecto al dinero, las personas, sus recompensas y las reglas que existen en cada nivel de tu organización. La respuesta está en corregir el exceso injustificado. Cualquier ser vivo necesita un poco de exceso, pero no demasiado. Y no creo que quien deba juzgar eso sea sólo el yo.

Los zopencos, en retrospectiva, me parecen ilusorios. Hasta ahora los había tolerado, pero eso se ha acabado ya, definitivamente. En cuanto a nuestras deliberaciones, aún estamos a medianoche. Tenemos que volver a estudiar las artes del liderazgo social a través de las artes de la austeridad competitiva.

Ya seas director de una escuela secundaria rural, una persona que esté desarrollando una nueva firma de microfinanzas en África o en América del Sur, o un gerente con un cargo intermedio reubicado en Nueva Jersey, tienes un trabajo del que responder, así que saca a los zopencos de en medio antes de que ellos te saquen a ti.

Los líderes en los que podemos confiar tienen el poder de la moderación. Evitan los errores. Aunque éste es el camino más austero y difícil, nos guía hacia la satisfacción y nos muestra otro camino hacia la riqueza. Puedes usar los principios de este libro para desarrollar la capacidad de aprovechar las redes sociales, ya que la presión de los compañeros funciona bien contra el zopenco emergente. Eso te hará competitivo en un mundo más pequeño.

Pero eso lleva más tiempo y esfuerzo de lo que piensas.

Resumen de la empresa de los zopencos

- Debemos eliminar nuestro egocentrismo y dejar de perder tiempo, energía y recursos.
- Los verdaderos líderes entienden la diferencia entre jugar duro y jugar perjudicando al otro. Ganan más valor en capital social que en cualquier cantidad de capital financiero.
- Necesitamos encontrar nuestra ventaja competitiva a través de un camino más austero.
- Los zopencos ignoran el valor de construir una red social.
- Personas verdaderamente impactantes como Franklin, Gandhi y Lincoln fueron austeros con el tiempo, los recursos y los amigos, lo que hizo posible su ascenso.

Para una primera lectura adicional sobre este tema, *véase* el excelente y siempre actual ensayo de William Hazlitt *The Prize Fighter*; así como los últimos números de la revista *ESPN*. Frases de búsqueda del tipo: «estupidez en los deportes».

Capítulo 2

Escasez y creatividad

La pereza hace que todo sea difícil, pero la industria hace que todo sea fácil; y el que se levanta tarde debe trotar todo el día, y apenas alcanzará sus asuntos al llegar la noche; mientras, la pereza viaja con tanta lentitud que la pobreza enseguida la supera. Conduce tu negocio, no permitas que éste te conduzca a ti.

Benjamin Franklin, *El camino hacia la riqueza*

A menudo, si retrasamos ciertas acciones en nuestras vidas, el resultado es negativo. La chica de ojos verdes que amábamos en la universidad consigue un trabajo y una vida mejor. El miembro del personal que habíamos previsto para una importante promoción pasa a otro trabajo superior. El mercado se colapsa y se erosiona cuando introducimos nuestros mejores productos, como las huellas de nuestros pies en la arena durante la marea alta. Experimentamos el aguijón del destino y olvidamos ese sabor más dulce de la libertad que sentíamos poco antes.

Lo sabemos cuando tenemos diez años, pero pasamos otra década, o dos o tres más, aprendiendo a olvidar, ya que profesionalizamos nuestras expectativas. Sin embargo, a medida que envejecemos, a muchos de nosotros se nos recuerda lo que una vez supimos sobre la competencia. Y luego están aquellos como Franklin, que nunca olvidaron.

¿Qué debemos hacer con todo esto? ¿Por qué algunos lo consiguen, lo conservan y lo actúan, mientras que muchos eligen olvidar estos conceptos básicos? Este capítulo explora este proceso de investigación.

Al principio, incluso con Franklin en nuestras estanterías, creemos que podemos escondernos detrás de un diploma de Stanford, un título de posgrado en negocios, un máster en administración de empresas (MBA), un título legal avanzado en resolución de conflictos, tal vez incluso celebramos las habilidades de un mercado de alta tecnología por un tiempo, o disfrutamos de una burbuja de efectivo de ofertas inmobiliarias, mientras esperamos ese trabajo más satisfactorio. Pero luego las burbujas explotan y nos quedan las primeras preguntas de la infancia: «¿Qué es suficiente? ¿Cómo controlo mi vida más rigurosamente? ¿Qué sigue?».

Este capítulo debería servirnos para recordarnos la necesidad de invertir sabiamente el tiempo desde el principio, mientras exploramos la inventiva que podemos encontrar debajo de la escasez. Cuando a la edad de tres años alguien pierde a su padre, no es fácil olvidar la falta de tiempo. Sin embargo, he encontrado que las disciplinas para aprender de la escasez requieren recordatorios de por vida. Entonces, pregunto: ¿Cuáles son los mejores ejemplos y principios de la austeridad competitiva? ¿Cómo podemos compartirlos más rápidamente con la próxima generación que tiene menos que perder? ¿Existe el *coaching* personal en esta área o todos debemos aprender por nuestra cuenta?

El psicólogo B. F. Skinner resumió lo que buscamos bastante bien cuando escribió al final de sus estudios: «La educación es lo que sobrevive después de que se ha olvidado lo que se ha aprendido».

Por mi parte, me inclino a pensar que ya estamos programados para considerar la libertad y el destino, incluso a los diez años. Algunos aprenden antes, quizá cuando ven a un abuelo enfermar y morir. Se necesita cierta habilidad artística para crear en nuestras propias vidas un nuevo cálculo en el que nos demos cuenta de que no podemos controlar la mayoría de las cosas, sino que podemos avanzar por un camino de libertades creativas con cierta satisfacción.

La elección sigue siendo nuestra. Simplemente necesitamos redescubrir la fuerza de la creatividad inherente en nuestros nuevos encuentros con la escasez.

Un buen ejemplo

Pat Mahoney, director ejecutivo (CEO) y fundador de Energy Answers International, es un cliente austero. Le había servido durante más de dieciocho años antes de enterarme, en una entrevista para este libro, que es un devoto de Benjamin Franklin y que «hacer más con menos» es el mantra habilitador de su vida.

Cuando nos encontramos en mi oficina, Pat habló sobre su descubrimiento de la autobiografía de Franklin cuando era un joven ingeniero. Me describía cómo pasaba las páginas con una extraña conciencia de «lo que Franklin diría a continuación sobre el ahorro, sobre la austeridad... Y entonces supe lo que quería hacer con mi trabajo después de la escuela».

Este CEO, sobre todo, ha tratado de construir una cosmovisión austera al mismo tiempo que construye máquinas grandes y efectivas. He visitado a Mahoney en su sede, en un edificio restaurado en Pearl Street, en Albany, Nueva York, desde hace más de dos décadas, con sol y lluvia, en invierno y en verano. Y en cada caso, he visto los mismos libros de Franklin y de otros autores (¡en particular Ayn Rand y *World Inc.*!) en los estantes que tiene detrás de su escritorio. A veces, Pat saca estos libros de la estantería para leer las frases exactas de un pasaje que tiene en mente.

Desde que leyó la autobiografía de Franklin, Mahoney ha creado varias compañías, entre ellas una empresa de ingeniería, Smith and Mahoney, y Energy Answers International, una compañía global de desarrollo energético. El despacho es el mismo, el líder siempre permanece alerta y es inteligente, pero el proceso de aprender a pensar y a trabajar se enriquece con el tiempo.

Un solo proyecto de mil millones de dólares encarna sus principios:[3] la planta de energía renovable de Fairfield. Puedes encontrar más informa-

---

3. Actualizaciones sobre el progreso del proyecto están disponibles en www.EnergyAnswers. com. Sobre la Fairfield Renewable Energy Plant también se puede consultar en las agencias reguladoras ambientales federales y estatales.

ción sobre Fairfield Renewable Energy en www.EnergyAnswers.com. Con la ayuda del dinero de estímulo federal y estatal, este proyecto proporcionará ochocientos nuevos empleos al área del puerto de Baltimore, que no pasa por uno de sus mejores momentos. La sede de Fairfield está cerca de las antiguas vías del ferrocarril, y tiene acceso en barco desde el puerto industrial. Esta ubicación reduce la necesidad de transporte por carretera, que es una de las cosas que más deseaba el grupo de trabajo local.

Al quemar los desechos procesados a la temperatura, tiempo de residencia y turbulencia correctos, la planta venderá energía eléctrica a la ciudad de Baltimore y a la empresa eléctrica local. Con el tiempo, como parte de su sueño de renacimiento del área del puerto, Pat venderá el exceso de vapor a una fábrica de papel y a la industria relacionada. La sede, que estaba contaminada por munición militar química, se transformará en una zona ocupada por un parque ecoindustrial.

En resumen, el éxito de Pat Mahoney se ha visto impulsado por la confluencia de dinero, personas y reglas.

Estuve presente el 18 de octubre de 2010 —un hito en este proyecto—, fecha en la que los organizadores sintieron que tenían la aprobación y el impulso suficientes para proceder. Reunidos en la gran carpa blanca para presenciar el innovador anuncio de Fairfield estaban Pat Mahoney, CEO, y Pierre Brondeau, el nuevo CEO de FMC (la compañía química que arrendó el terreno a la empresa de reurbanización de Pat). Entre los más de 185 líderes de la comunidad se encontraban el gobernador de Maryland y el elegante y elocuente alcalde de Baltimore.

Dado que la reunión tuvo lugar justo antes de las elecciones, creímos que teníamos una oportunidad de que asistiera el propio presidente Obama. En su lugar, envió a Bob Perciasepe, el número dos de la Agencia de Protección Ambiental de Estados Unidos. Bob habló de lo bien que se sentía al ver este proyecto revitalizador en Baltimore, el lugar donde había dirigido la agencia reguladora antes de irse a la agencia federal. Incluso el subsecretario de recursos humanos del Sindicato de Trabajadores del Acero de Estados Unidos estuvo allí, y pidió, con voz potente, que «mis muchachos» se levantaran en señal de apoyo. Cuarenta trabajadores sindicalizados, desde los que fabricarían las calderas para el sistema hasta los que construirían la planta, se levantaron en silencio.

Hace más de cuatro años, presenté por primera vez en la empresa de Mahoney a los líderes para los que trabajo en FMC. Desde entonces, Pat ha desarrollado aún más sus especiales habilidades que demuestran que es completamente fiable en entornos sociales complejos. La ubicación y el diseño final de la sede tuvieron un propósito público, y un impacto claro que es excepcional: la planta de Fairfield ayudará a reducir las emisiones de gases de efecto invernadero de los vertederos de Maryland. Producirá energía y vapor con un perfil más limpio que todas sus alternativas competitivas. Y proporcionará innovadores empleos verdes a las áreas deprimidas de Baltimore.

Algunos reporteros llamaron a esta iniciativa un proyecto *win-win-win*. Aunque esa evaluación celebra su forma de competitividad, pierde la clave: los proyectos de Mahoney forman un plan maestro basado en conocimientos sobre la austeridad y el capital social. Mahoney es competitivo en un mundo más pequeño de exceso industrial y escasez de recursos.

Bastante más allá de la media

Este ejemplo apunta a las diferencias duraderas entre jugar duro y jugar perjudicando a los otros, algo que todo competidor debe aprender y mantener cerca de su registro de logros.

Si estás lesionado, inviertes más esfuerzo y juegas de manera ineficaz. Pero jugar duro y creativamente es austero. Es el equivalente de hoy en día a lo que Franklin concibió como la primera biblioteca pública. Debes equilibrar la eficiencia en el interés propio con las necesidades sociales a largo plazo. Ése es el genio social e industrial ejemplar de Mahoney.

Algunas personas, cuando consideran las reglas y los flujos de dinero de esta nueva economía global, asumen que es necesario ser cruel y rudo. Durante diez años, traté de convencer a mis estudiantes graduados del

Instituto Politécnico Rensselaer de que un enfoque tan estúpido se volverá contraproducente. La mezquindad resulta ineficaz, porque el éxito es la mejor medida del capital social.

Mahoney y yo comparamos las notas sobre esta cuestión de ir más allá de la media. Como dos individuos bastante competitivos, hemos explorado esto juntos durante casi dos décadas.

Ambos encontramos que los ejecutivos deben ser, como lo expresa Mahoney, «baratos, conscientemente tacaños, cuando expresen sus opiniones, aversiones y preferencias». Mahoney cree que Franklin le enseñó la mejor manera de involucrar a muchos tipos diferentes de personas y obedecer las muchas reglas del camino hacia el dinero sustancial. Descubrí que vale la pena alinear a las partes interesadas sin hacerse demasiado eco de sus puntos de vista diferentes. Como señala Mahoney, «Encuentro que puedes hacer más al decir menos la mayor parte del tiempo. Es profundamente importante ser subestimado en todas las negociaciones». Éste es otro rasgo distintivo de la austeridad competitiva.

El capital social es escaso y no tiene precio

Mahoney opera mucho más allá que la media y es un maestro del uso austero del capital social. Pero ¿qué queremos decir, exactamente, con *capital social*, y por qué importa? A veces he descrito este elemento invaluable como mutualidad en un trato de negocios, pero en realidad es más complicado que eso, y Mahoney nos muestra por qué.

Voltaire señaló acertadamente: «El arte de la medicina consiste en entretener al paciente mientras la naturaleza cura la enfermedad». Esto es mucho más austero que el enfoque moderno, en el que un seguro excesivo permite asumir riesgos indebidos y en el que prevalecen las intervenciones excesivas de muchos responsables. Ningún médico puede eliminar con éxito la obesidad y la hipertensión, por ejemplo, a través de costosas técnicas quirúrgicas. Ello requiere la recomendación de una serie de cambios de comportamiento más austeros para curar al paciente.

Sin embargo, dejar que las cosas se desarrollen en el momento adecuado es parte de la visión de Voltaire, y sin duda es una buena visión cuando se trata de transacciones comerciales complejas.

Mi corriente de consultoría de administración se basa en una idea similar: «El arte del buen gobierno corporativo consiste en curar a las personas y su uso del dinero y las reglas en un edificio corporativo. En estos actos se encuentra una austeridad competitiva que con el tiempo cura cualquier enfermedad empresarial». Algunos podrían decir que esto es bastante simple; yo, en cambio, lo encuentro efectivo. Demuestra la forma más austera de realizar en el tiempo la labor de consultoría. Ayuda a las empresas a competir por el futuro cercano, en el que conseguirán todo o nada.

Muchos de mis clientes empiezan a darse cuenta de que lo que aflige verdaderamente a la corporación moderna es su sólida capacidad de hacer demasiado: demasiadas cosas ajenas a sus competencias básicas, demasiado crédito, demasiada deuda, demasiado Internet global, demasiado capital intelectual sin futuro real, demasiada publicidad, demasiada búsqueda de talentos. Éstas son las cosas que desperdician el trabajo de un día y consumen toda una vida en los negocios.

En contraste, la corporación exitosa aprende a hacer más con menos, lo cual es la base más sólida del éxito. Hoy en día, me parece más rentable decir «¡No!» 10 veces por cada «Vamos a probar».

Aquí está la parte fea. Con máquinas del tamaño de ciudades y consumidores ansiosos por comprar, un gran porcentaje del edificio de la corporación moderna está construido por personas separadas de las que verdaderamente toman las decisiones. Hacen muchas cosas que realmente no importan para el posicionamiento central de la empresa. Y lo que es peor, están bastante aisladas, en sus torres de marfil, de los cambios del mercado y de los cambios de valor en la sociedad. Inflaman malas ideas sin reprimenda. A medida que nos movemos hacia un mundo más pequeño, es importante tener en cuenta todo ese desperdicio y esa desconexión antes de comenzar la cura. Lo que escribo sobre la austeridad es en el fondo realmente revolucionario.

Algunos economistas y políticos piensan que el descubrimiento de este grado de despilfarro en la corporación moderna hará estallar nuestra economía como un globo demasiado inflado. Éstas son las personas que dicen que la austeridad es mala. Argumentan que en las empresas se necesita el exceso, que se requiere de una economía excesiva, del lado de la oferta, para crecer. Sé que están equivocadas. El mejor trabajo reside en hacer menos, y la base fiscal más fiable proviene de empresas que sobreviven durante décadas.

Una declaración de interdependencia

Si nuestro sistema sigue siendo rápido y complejo, como predigo, durante el resto de este siglo, seremos cada vez más interdependientes, mes a mes: la globalización hará que las regiones alineen su dinero, sus personas y sus reglas en conexiones cada vez más complejas. Esto me hace recordar otros días turbulentos en la historia de la humanidad y preguntar acerca de la importancia de la austeridad y la lealtad para asegurarse un lugar en el momento de escasez. Al comienzo del texto de la *Declaración de Independencia*, Thomas Jefferson escribe que «los hechos se someten a un mundo sincero». Habla de comprometer «nuestras vidas, nuestras fortunas y nuestro sagrado honor» a una causa social más importante. Dinero y personas tienden a ser los elementos decisivos en todas las políticas humanas; a menudo son los que dan forma a las reglas. Cada paso en el trabajo de Jefferson revela por qué no debemos malgastar nuestra energía en la ira y en las disputas sino, por el contrario, en invertir en el futuro.

A pesar de los matices y la abundancia en sus escritos y pensamientos, el mensaje de Jefferson fue de valor inmediato para nuestra nación en ciernes: las reglas son importantes. De esta manera, los federalistas realinearon sus fuerzas como hace Mahoney con sus partes interesadas, pero a una escala más emergente.

Releo a federalistas como Thomas Jefferson y Benjamin Franklin cuando me canso de todas esas disputas de Washington. Desde Reagan y Thatcher, ha habido demasiados engranajes girando sin sentido en los círculos políticos angloamericanos; los charlatanes de la radio y de la televisión de hoy en día simplemente agitan y agravan las cosas para atraer audiencia, lo que hace que parte de la estupidez política se globalice. Predigo un ascenso más austero y eficaz en breve.

Jefferson era audaz, y quería que siguiéramos siendo audaces y autosuficientes. Sin embargo, cuando estás haciendo algo nuevo y audaz, necesitas lealtad y fuerza sólida para comenzar.

Entonces, ¿qué significa esto para los competidores de hoy? Las reglas por las que creas valor no revelan suficiente valor verdadero debajo de esas mismas reglas. Así pues, ¿dónde reside el valor (en dinero y en personas) de competir de manera más eficiente dentro de cualquier conjunto de reglas?

Ejemplos sólidos como rocas

Es más fácil ver lo excepcional en el arte que en una planta industrial como la de Mahoney. Pero puedes encontrar ejemplos sólidos de austeridad cerca de ti todos los días. Los mejores maestros de mi hija son austeros, por ejemplo; el cirujano que me operó la rodilla es austero, en marcado contraste con algunos de sus colegas. Y mi esposa es austera, en el sentido de que preferiría recibir una rosa roja en un día importante en lugar de una docena.

En resumen, la austeridad se da a diario en la manera en que los líderes pasan su tiempo y en cómo permiten o rechazan el despilfarro de los zopencos. Es evidente en productos que sobreviven a la prueba del tiempo. Las cosas que realmente atesoro las he tenido durante al menos tres o cuatro décadas. Mis ediciones de Benjamin Franklin, Michel de Montaigne, Marco Aurelio y los ensayos de W. B. Yeats pueden estar desgastados, pero eso es lo que los hace valiosos.

Creo que el nuevo siglo quiere que descubramos lo contrario a la obsolescencia industrial planificada. Veo esto en la frase «mucho más allá que la media»; en otras palabras, celebra en la sociedad cualquier cosa que sea visiblemente excepcional. Aquí nos referimos a aquellas cosas que la sociedad viene favoreciendo con el tiempo. La frase podría describir a un inversor excepcional o un actor clave en la comunidad ambiental. Puede referirse a un capitalista con una buena reputación de innovador, como Steve Jobs o Pat Mahoney. Y puede caracterizar grandes logros en un campo específico, desde la química industrial hasta la fabricación de alfombras. «Mucho más allá que la media» simboliza los logros del valor social.

Algunos se refieren a este llamado éxito excepcional como a la creatividad en sí misma, una habilidad para hacer algo hermoso y valioso con menos que sus competidores. Yo creo que es una dinámica entre la conciencia de la escasez y los resultados creativos.

Según mi experiencia, si compites adecuadamente a lo largo del tiempo, y si eres generoso al compartir tus dones con tus amigos, empleados e incluso con las empresas de la competencia, acumulas una gran cantidad de capital social en una corta vida. Por lo tanto, la frase «mucho más allá que la media» también implica la capacidad de crear un amortiguador de cordura, una nube social alrededor de tu empresa y de ti mismo en este mundo tan turbulento y agresivo.

Ejemplos visuales

Para ayudarte a visualizar este vínculo entre ser excepcional y pertenecer a la media, comenzamos con una idea antigua: el tótem de piedra. Piensa ahora en un fetiche de piedra tallado por un experto artesano zuñi. Es excepcional. Destaca. Puedes ver y sentir esas antigüedades del sudoeste: son duras como una roca. Soportan el desgaste de ser exhibidas, manipuladas y enviadas a través de todo el país a tiendas de regalos o llevadas a casa en maletas. Son hermosas y peligrosas. Los zuñi sienten esas características cerca unas de otras en la naturaleza y en el alma humana. Esto puede resultar una visión duradera sobre la mejor manera de sobrevivir en nuestro mundo veloz y difícil.

Una vez que visitas los orígenes polvorientos de estos objetos en las tierras zuñi de Nuevo México, te das cuenta de que esas tierras ha sido mal bautizadas: son en realidad el antiguo Nuevo México. Algunos dicen que los zuñi llevan tallando estas piedras desde hace 5.000 años.

Mi idea es simple: en estos iconos hay algo sencillo, mágico y convincente. Piensa, entonces, en la austeridad como una manera de hacer mejores productos, o una mejor empresa, y usar menos piedra en el proceso. Cuando haces este tipo de trabajo, el público puede confiar en ti y tu personal se muestra leal.

Estos ejemplos visuales me ayudan a ver qué hay de especial y excepcional en el enfoque de la ecología industrial de Pat Mahoney. Usa menos recursos para generar energía y valor para otros. Piensa en lo urgente y necesaria que es esta combinación de capital social y austeridad hoy en día, ya que estamos acumulando montañas de desechos todos diariamente. El siglo XXI requiere que estos imperativos se cumplan de una vez. Tenemos opciones reales.

Encontrar lealtad

Una vez realinees tu enfoque hacia el dinero y las personas, y establezcas reglas adecuadas para ti mismo y para tu organización con el objeto de competir, comenzarás a sentir un nuevo poder en la lealtad. Tu equipo te ayudará a ver las opciones reales que están disponibles para ti y a elegir los proyectos correctos para crear. Encuentro este proceso misterioso, curioso y, a veces, estimulante, ya que es inesperado y rara vez se calcula en el plan de negocios original. Pero vale la pena examinarlo en este capítulo sobre la escasez y la creatividad. De alguna manera, en un sentido que es a la vez mágico y exigente, ser leal a tu dinero y a las personas crea más de menos.

Mi lema como capitán de varios equipos de baloncesto competitivos era: «Si encontramos la lealtad, tenemos un equipo». Durante mis dos primeras décadas como consultor de gestión, actualicé el mantra de

«Encontrar lealtad es lo que te permite durar». En cualquier caso, sólo comienzas a desenredar el futuro de tu empresa poseyendo confianza y lealtad. Estos valores sociales no pueden ser abstractos, o algo que tú crees que tienes. Lo que importa es lo que los otros piensan que tienes. Todo lo demás es simple gestión de flujo de efectivo y protección de los contratos.

Así que vale la pena explorar la dinámica para encontrar lealtad. ¿Cómo se la gana Pat Mahoney? ¿Y cómo la encontré yo? Quizá la pregunta real sea: ¿Cómo desarrollarás esta dinámica como parte de tus planes personales y corporativos?

Comenzamos con una observación empírica: existe una relación entre la selección de personal, tus instintos y el sentido común, y la posibilidad de obtener lealtad a través de la austeridad. La lealtad resulta ser más rentable y más sustentable de lo que nunca hayas podido pensar. Probablemente sea más valiosa que el interés compuesto en la mayoría de las instituciones financieras actuales, por lo que es un elemento que vale la pena explotar. Sigue eliminando las formas diarias de despilfarro en tu vida y en tu empresa, y la lealtad pronto brillará como una piedra preciosa.

Mi experiencia ha demostrado que mis colegas más leales son excepcionales. Por eso necesitas seleccionar al personal con extrema precaución y reserva, lo que se obtiene como resultado de una forma disciplinada de pensamiento. Durante más de una década, muchas de estas personas han llevado a cabo maravillosamente cambios rápidos y casi diarios en sus tareas. Si revisas sus historias corporativas anteriores, encontrarás a estos extraordinarios CEO, abogados y directores listos para perseguir el capital social.

La lealtad es una calidad excepcional en el turbulento mundo de hoy en día. No es difícil ver por qué fallé en mi selección de algunos veteranos de J. P. Morgan o por qué algunos de mis compañeros más preparados se fueron a Goldman Sachs. La lealtad es tan preciosa como una piedra zuñi, más aún: es un destello cegador en todo esfuerzo. La lealtad se gana después de un esfuerzo de austeridad: se trata de que otros vean que tú has tallado valor social en tu esfuerzo.

En este momento de la vida, veo la lealtad en mis jóvenes empleados. Algunos se hacen eco de los valores de sus padres cuando hablan de encontrar placer en hacer más con menos; para otros, esta noción es nueva. Ahorran cogiendo el transporte público en lugar de la limusina o el taxi de cien dólares. Llevan a cabo importantes resultados un día tras otro, avanzando de manera eficiente y logrando resultados sociales.

Lograr resultados a través de la lealtad es la otra cara de malgastar tu valor siendo un zopenco. De esta manera te conviertes en un imán para las personas de alta eficacia y rendimiento. Espero que descubras la importancia de la lealtad. Lleva tiempo y hace falta que des ejemplo, pero no cuesta mucho.

Perder terreno

Te mentiría si dijera que en mi empresa hubo lealtad desde el principio. De hecho, se dieron años de despilfarro, competitividad malsana y contrataciones incorrectas.

Pero lo que yo he conseguido es ahora realmente muy posible para ti. Deja de perder terreno evitando malgastar energía en gestos derrochadores, discusiones y peleas competitivas sobre el precio. En su lugar, debes dominar tu oficio como un artesano de las piedras zuñi; necesitas sacar ventaja de los hechos más elevados de la escasez. Por ejemplo, a mí me ha resultado más rentable explicarles a los empleados por qué no puedo darles durante los primeros cinco años de contrato nada que no esté en sus paquetes de incentivos. La escasez es instructiva; el exceso no lo es.

Esto no es lo mismo que la tradicional recomendación de trabajar duro. Trabajar de manera inteligente consiste en no trabajar contra ti mismo o contra tus colegas leales, sino hacer más con menos. En contraste, en los entornos capitalistas modernos creemos erróneamente que necesitamos ser mezquinos y feroces para salir adelante. Escucho muchas canciones populares, jingles y clichés sobre el valor de la mezquindad.

Conoces la brusquedad a la que me refiero: desde en el avión hasta en el tren, desde en los bancos hasta en las oficinas legales, vemos el daño infligido por quienes carecen de urbanidad. Esta dureza se esconde en las sombras de la mayoría de las negociaciones, razón por la cual la editorial Harvard Business School Press tiene una serie de libros muy vendidos sobre cómo tratar con personas difíciles. Aunque pasé mucho tiempo dando clases sobre resolución de conflictos, ahora me parece mejor evitar el conflicto (para ser más astuto que los zopencos) antes de que surja. Eso es trabajo inteligente.

En resumen, la mayoría de las empresas que tienen éxito quieren atraer a un grupo de líderes austeros, un pequeño grupo de compañeros de equipo. En una empresa puedes llamar a ese equipo «órgano moderno de gobierno y de creación de normas». A esto le añado que, al final, nosotros, como un fetiche zuñi, debemos resistir la prueba del tiempo, a lo largo de varias temporadas y mercados, y no perder terreno en el odio y el arrepentimiento. Evitar que la rueda gire y los zopencos de tu empresa te ofrezcan a cambio algo real: encontrarás una creatividad y una lealtad más austeras en el grupo. Esto te acerca mucho más a los propósitos del dinero y la esencia del trabajo inteligente. La austeridad abre las puertas a la creatividad y a la satisfacción.

Mi amigo y colega en los negocios, Bill Shireman, fundador de la red de liderazgo Future 500, comparte conmigo la profunda convicción de que la decisión de hacer algo es el primer paso para que eso ocurra con éxito. A través de la experiencia en muchas empresas, Bill y yo hemos llegado a sentir un profundo respeto por unos versos de Goethe: «¡Sea lo que sea que puedas hacer o soñar que puedes hacer, empiézalo! En la audacia hay genio, poder y magia».

El propósito del dinero

En cuanto al dinero, no son sólo billetes, ni tampoco se trata únicamente de esa idea popular de que el dinero llama al dinero. El dinero es respeto, reputación e ingresos. El dinero son transacciones sociales y capital social. Entonces, ¿en qué nos hemos equivocado? ¿De dónde salieron todos los zopencos? ¿Por qué la venganza, la criminalidad, la extorsión y la malversación se han vuelto tan comunes en los negocios? La respuesta puede tener algo que ver con a quién contratas, pero la razón subyacente está en nuestro sentido equivocado del dinero.

Hoy, si preguntáramos a los MBA más capacitados del Institut Européen d'Administration des Affaires (INSEAD) de París o de Wharton, Thunderbird o Harvard, «¿Qué queremos decir con dinero, comercio y empresa?», dirían, «No tengo ni idea. Dame el dinero». En cierto sentido, como capitalistas nos hemos vuelto seniles. Debemos combatir esta senilidad cultural realineando los roles del dinero, las personas y las reglas para este nuevo siglo.

Mi amigo Mark Strauss, uno de los cerebros de la reurbanización del Broadway de Saratoga durante las últimas tres décadas, dice que pasó su carrera «luchando contra aquellas fuerzas que hacen que sea fácil olvidar el propósito del dinero». Y continúa: «Para mí no fue realmente una batalla. Comencé desde la ética, me abrí camino hacia la comunidad y asumí riesgos en forma de deuda y crédito, con algo de disciplina en mente». En las últimas cuatro décadas, Saratoga ha cambiado notablemente, y algunos de los principales lugares están en las consideradas manos de Mark. Mi amigo disfruta hablando de lealtad y austeridad y de los verdaderos propósitos del dinero y del comercio. «Necesitas descubrir en qué crees, de lo contrario, hay demasiadas opciones», señala.

Las cuentas históricas nos muestran las verdaderas raíces del negocio y del dinero. En la antigua Grecia y Roma, por ejemplo, el dinero provenía de la diosa de las relaciones; en latín, *compañía* designa a aquellos con quienes se comparte el pan. Antes de la llegada del petróleo y de los instrumentos abstractos de las altas finanzas, la mayoría de las culturas definían a las empresas con un sentido a escala humana y biológica. De esta manera, los negocios resultaban tan básicos como la respiración. Creo que la austeridad de Strauss y Mahoney les permite ver este elemento tan básico en los negocios como la respiración.

En este contexto, una empresa se concibe como una respuesta social a la oportunidad en un contexto de escasez real. Tienes éxito porque estás haciendo algo mejor, con menos despilfarro, que tu competencia. Mark compró sus piezas del rompecabezas de Broadway cuando estaban en apuros, e invirtió considerables recursos técnicos y financieros en sus obras. Hay una satisfacción social al saber que esta es la esencia de un buen negocio; el éxito en el tiempo reside en un conjunto de principios duros como una roca. Mahoney y esos artesanos zuñi trabajan en el mismo mundo, en un reino alejado del despilfarro. No están pensando en el próximo trimestre; sus trimestres se enmarcan en el arte de la austeridad competitiva.

Terminamos la primera parte de este libro con una sugerencia adicional: una vez que entiendas tu función para abordar la maraña de necesidades sociales, tienes muchas opciones ante ti y otra forma de riqueza. Tienes un negocio lleno de aire y futuro en su base.

Las siguientes partes de este libro versan acerca de la mejor manera de desenredar las necesidades sociales que tienes ante ti. La segunda parte explora por qué la historia social sugiere que en el siglo XXI la necesidad de una austeridad mayor y más creativa será imparable. La tercera parte aplica esta visión histórica a un patrón de cambios que puedes y debes hacer en ti, ya que mañana te contaré esta historia con mayor fuerza y urgencia (incluyendo una fuente en este libro que prefiere permanecer en el anonimato).

Mientras tanto, un breve final:

El famoso poeta W. B. Yeats aborda algunos de estos principios creativos sobre la escasez cuando escribe sobre William Blake y la imaginación en un maravilloso ensayo de 1897. Él señala: «Ha habido hombres que amaron el futuro como a una amante, y el futuro mezcló con ellos su aliento y sacudió sus cabellos frente a ellos [...] William Blake fue uno de esos hombres [...] porque al comienzo de las cosas importantes, al comienzo del amor, y del día, al comienzo de cualquier trabajo, existe un momento en el que comprendemos mucho mejor que más tarde, hasta que todo ha terminado».

Sí, puedes llamarlo creatividad. Pero en mi experiencia, tanto como fundador de empresas como asesor multinacional, tienes muchas opciones en un mundo en el que abundan la escasez y las necesidades sociales. Este conjunto de oportunidades de negocio del mundo real requiere una práctica disciplinada de principios, así como los poderes imaginativos. La respuesta social del capitalismo espera tu acción. Visita www.World IncBook.com para obtener más detalles y un capítulo ampliado sobre el capitalismo de respuesta social.

Resumen
Más allá de la media:
escasez y creatividad hoy en día

- Los líderes, como Pat Mahoney, quieren hacer más con menos; se toman libertades con libertad creativa.
- El dinero es el resultado de trabajar con diferentes tipos de personas y hacerlo dentro de los límites de la sociedad y de sus reglas definidas.
- Trabajar más allá de la media es tener la capacidad de desarrollar un producto más creativo, mejor hecho y más bello con menos que tus competidores, como lo hacen los indios zuñi.
- La lealtad tiene un valor compuesto que debe ser reconocido por los líderes que hacen más con menos.
- Las empresas se crean en respuesta a la necesidad social cuando los recursos son escasos.

PARTE II

Austeridad imparable

Capítulo 3

El arte de la austeridad competitiva

El tiempo perdido nunca se vuelve a encontrar; y lo que llamamos tiempo suficiente nunca es suficiente: entonces, levantémonos y hagamos lo que tengamos que hacer, y hagámoslo con un propósito.

BENJAMIN FRANKLIN, *El camino hacia la riqueza*

El tiempo siempre es breve, y «la angustia es absoluta, y hay demasiado mal», por citar a Emily Dickinson. Los clásicos son una valiosa fuente que nos recuerda que debemos hacer más con menos, ya que el énfasis está siempre en hacer cosas inteligentes y ahorrar tiempo y esfuerzo, sin llegar a ser como máquinas. Por ejemplo, Franklin conecta la diligencia con la eliminación de la distracción, el derroche y la autolesión. He argumentado lo mismo, y añadido una comparación con Dilbert en el capítulo 1. Si nuestros grandes competidores del mañana mantuvieran a Franklin en sus cubículos, tendríamos mejores productos y un mundo mejor. En el año 2020 Dilbert ya no tendrá material para sus historietas.

Antes de escribir este capítulo, me he releído todos mis textos de Franklin y he confirmado que cada palabra de *El camino hacia la riqueza* es relevante para los directores ejecutivos (CEO) y para los líderes mundiales de hoy en día. Franklin es ingenioso, competitivo e inteligente. Es un maestro del negocio de la seriedad deportiva. Era mucho más austero de lo que solemos recordar, y mucho más humorístico que su leyenda y sus acciones. Nos recuerda que el verdadero propósito del dinero es social, y que debemos tener inventiva para añadir valor al posicionarnos para el futuro.

Franklin encarna una forma muy característica de pensar. La cosmovisión industrial de Franklin vuelve a ser correcta para nuestro mundo y nuestro siglo. Y sus principios sobre el ahorro inteligente y sobre la reinversión pueden aplicarse a las preguntas de hoy en día sobre el dinero, las personas y las reglas; te mostraré cómo.

El dinero, las reglas y la salud de las personas

La magníficamente compleja legislación sobre cuidado de la salud aprobada en marzo de 2010 encarna las formas comprometidas pero efectivas en que trabaja el presidente imperial. El mundo más pequeño de hoy en día requiere tal *realpolitik* tanto en los negocios como en la sociedad: una mayor austeridad en gobiernos, corporaciones y empresas privadas, y en la gestión de sus propios ahorros. Porque sólo la austeridad garantiza intereses compuestos.

Mediante una presión continua, el presidente Obama se trabajó a los medios de comunicación mundiales, a *The Hill*, a la oposición y a las coaliciones de la industria para obtener lo que él (y la mayoría de su partido) deseaba. El efecto red: cobertura de salud para más población. Pero todos nosotros tendremos privilegios clave e importantes beneficios adicionales.

La sorprendente lección social e industrial de este cambio es que la mayoría de nosotros aprenderemos cómo gastar menos en atención médica. Fue una lección en la que el compromiso político, la elaboración de acuerdos complejos y el conocimiento de las restricciones de capital nos llevaron a todos a una forma más austera de lidiar con nuestro futuro compartido.

El futuro cercano está cerca

Por supuesto, ya sabes que lo llamo el arte de la austeridad competitiva, pero ¿qué quiero decir exactamente con este término tan seductor? Una manera de obtener la definición en la práctica es visitando www.allA-frica.com; ahí encontrarás miles de casos de mujeres y hombres que dejan a un lado la frustración y descubren que se puede repartir la leche sin derramar, en bolsitas. Como informa *allAfrica*: «El resultado de ver tanta leche derramada es una especie de pinza tipo «*Clip it*» moldeada por inyección, diseñada para sostener una bolsa de leche de un litro de manera segura y en el ángulo exacto necesario para que se pueda verter sin problemas». Cada africano que use este nuevo dispositivo austero está ayudando a evitar que se desperdicien miles de litros de leche al año, por muy poco dinero. El gran economista británico E. F. Schumacher llamó a estas ideas austeras «tecnologías con rostro humano». Y ahora son más valiosas que nunca.

Otra zona del mundo a explorar es la gran Asia. Para obtener la definición del arte de la austeridad competitiva en la práctica, entra en www.NYTimes.com e introduce la palabra «austeridad»; allí encontrarás ejemplos de ahorro productivo desde en la India hasta en Indonesia, desde en Malasia hasta el inmenso continente de Australia. Es fácil ver cómo los principios de esta teoría son universales para una extensa variedad de necesidades sociales.

El siguiente párrafo, escrito por un reportero de *The New York Times*, creó una estampida de respuestas globales sobre la creatividad en la austeridad: «Todos los graduados en MBA conocen la "inversión de valor", pero sólo las amas de casa de la India aplican esos principios a los guisantes. Así es: compra guisantes en invierno, cuando son abundantes y baratos. Congélalos. Descongélalos y cocínalos en verano, cuando los precios suben… Las compañías indias piensan como consumidores indios… Con todas sus grandes tendencias, era inevitable que los indios algún día fabricaran el automóvil más barato del mundo. Pero Tata Motors, con sede en Bombay, no revolucionó el coche, sino que exprimió el ahorro cientos de veces».

Y ahí lo tienes: desde guisantes congelados hasta nuevos complejos industriales, las personas toman decisiones hermosas cuando ponen a la sociedad por encima de sus temores.

Ahora volvamos al tema que nos ocupa: cómo preservar mejor nuestros recursos vitales para el futuro.

Reglas para el futuro cercano

Para mí, parte del arte de la austeridad competitiva consiste en que quienes toman las decisiones, desde los directores ejecutivos hasta los líderes de las naciones, están encontrando nuevas formas de hacer más con menos. No es una distinción o una disciplina académica, sino una característica de la historia social contemporánea. Cuidan lo que siembran, no malgastan. Sus consecuencias son casi bíblicas, un retorno a nuestras creencias primarias acerca de la administración y del propósito en la vida.

La razón es simple: somos muchos, siete mil millones por lo menos, en este mundo más pequeño, donde debemos compartir nuestra atención médica, nuestra leche y nuestros productos. Y como ahora todos consumimos más que nuestros abuelos, hay un sentido de urgencia en esta búsqueda de la austeridad.

En este mundo más pequeño del siglo XXI, todos debemos volver a ser como Benjamin Franklin una vez más. Combinar la austeridad y la laboriosidad es más primordial que comprometerse con la tecnología por el bien de la tecnología o hacer ciencia «porque se puede hacer». Debemos enfrentarnos a los hechos más elevados de la escasez y la creatividad en este siglo: la era del consumidor está dando paso a una era más creativa de la moderación.

Hay que hacer juntos el camino hacia delante

Provost William Throop, de Green Mountain College, en Vermont, centra su escuela en la educación para el futuro cercano. Señala que, a medida que nos encontramos y superamos con éxito los límites, «el mundo se vuelve más inteligible […], nos sentimos realizados y satisfechos porque participar en un viaje social más amplio, con un conjunto de competidores inteligentes, nos hace crecer». «Los seres humanos están programados para este tipo de competencia», continúa Throop, «y he llegado a creer que la lógica de la austeridad es nuestro camino juntos hacia delante. Con el tiempo […] la austeridad será la idea principal que reunirá tanto a los líderes como a los nuevos potenciales de la próxima generación de diseñadores, pensadores y creadores». La respuesta de Throop a mis preguntas define el rico dominio del próximo capítulo. Si bien comenzamos la investigación sobre la atención médica en un mundo superpoblado, extendemos el ejemplo para abarcar la austeridad competitiva en general.

Por ejemplo, aprovechando esta nueva y aguda conciencia de los límites, incluso los políticos con visiones tan grandiosas como las del presidente Obama están exigiendo compromisos en materia de impuestos, atención médica, presupuestos militares, el número de nuestras guerras y cómo gastamos nuestro exceso. Lo más importante es que las corporaciones que se enfrentan a restricciones materiales reales están aprendiendo a competir por más con menos.

Cómo estas nuevas reglas constituyen hechos más elevados

Durante años, los expertos midieron de qué manera el mundo se relacionaba con la austeridad en términos de producto interno bruto, salud de la economía y tasa de consumo. Tales estudios eran generalmente empíricos y se basaban en tendencias, y ayudan a enmarcar nuestro debate. Pero aquí escribimos sobre un conjunto de hechos superiores que definen el mundo en el que vivimos ahora, ya sea rico o pobre, industrializado o que aspira a serlo. Éste es el mundo del futuro cercano. Es rápido. Es complejo. Está cerca.

Éstas son las reglas más elevadas que permiten a un líder completamente formado ser creativo en nuevas situaciones de restricciones y recesiones. También son las reglas que permiten a los principiantes del nuevo siglo dar un salto adelante cuando reconsideran su futuro. Son, asimismo, las reglas sobre la austeridad y la competitividad que definen nuestro nuevo mundo de escasez, donde el agua, la tierra, la comida y la energía son más preciosas que nunca. Veamos esto como un resultado social positivo de los últimos 40 Días de la Tierra.

Pero ¿podría decirse que las nuevas reglas de este libro constituyen un conjunto de hechos superiores, un cambio en la cosmovisión? Cuando consideramos la disminución de la tierra cultivable por persona desde la Segunda Guerra Mundial, y la escasez que esto implica para la producción industrial y energética, así como para las necesidades mundiales, comenzamos a ver esta habilidosa necesidad.

Ésta es la razón por la que, en pocas palabras, creo que vale la pena considerar las reglas de la austeridad como un conjunto de hechos más importantes. El mundo se ha vuelto rápido y duro, es un hecho. La mayoría de mis clientes entienden que, a medida que comienzan sus días en las ciudades de este mundo, este mundo veloz y complejo forma una nueva *frontera S*, definida en la Figura 3.1, una en la que la mayoría de las personas son empujadas por la *S* a llevar una vida bajo presión. En cierta manera, es más fácil gastar menos bajo presión, hasta que se aprende a ahorrar por ahorrar. Pero algunas personas austeras, creativas e inteligentes, esas a las que solíamos llamar *animales de ciudad*, comienzan a elevarse en la *frontera S* cada vez más pronto en la vida. He visto que esa tendencia ocurre una y otra vez en los círculos de liderazgo.

Mi maestro de secundaria, el señor Plummer, me hizo reflexionar de esta manera: «La próxima vez que vayas a la playa, Bruce, fíjate en las personas que aprenden rápidamente a practicar *body surf* y observa a todas las demás que no paran de caerse». Algunos llaman a esto «temor existencial», yo lo llamo mi pan de cada día.

En el capítulo 4, exploramos estas dinámicas de libertad y destino más intensamente. Pero por ahora, lo dejamos como una imagen de que el mundo ha cambiado. Se ha vuelto más rápido y más duro, y esto hace necesaria la libertad de elegir, lo cual es evidente cuando somos austeros.

La frontera S

Figura 3.1. Definir la frontera S

Sin embargo, durante años no me detuve el tiempo suficiente para contemplar el significado completo de este cambio. Hay ganadores y perdedores en este mundo capitalista globalizado, en el que la red de seguridad social se deriva menos de los gobiernos que en el pasado. Debes ser quien teja esa red para ti mismo, para tu carrera y para tu familia antes de que empiece a deshilacharse en tu vida. La mejor manera de lograrlo es hacer más con menos, es decir, ahorrar un cierto porcentaje de tus ganancias desde el principio, para atesorar valor y seguridad a medida que avanzas.

Aquí está el hecho más poderoso: vivimos en una era de capitalismo de respuesta social, un mundo en el que competimos por el precio, la calidad y las necesidades sociales.

Proporcionar a tu familia y a ti mismo una cobertura de atención médica adecuada es una necesidad probable y desafortunada hoy en día. Es, además, un gasto importante en la gestión de una empresa, y éste aumenta significativamente con cada nueva contratación. Para hacer esto bien, debes estar listo para conservar. Ahí es donde reside el éxito. Si aceptas esta necesidad fundamental de guardar reservas como principio rector, comenzarás a ascender hacia el pensamiento del nuevo siglo.

Tenemos derecho a pedir ayuda, ya sea cuando nos enfrentemos a riesgos para la salud, a inundaciones o a derrumbes de techos, o a accidentes de tráfico u otros eventos adversos durante el trabajo o el juego. Y la sociedad tiene un trabajo que ofrecer para ayudarnos. Pero mucho depende de nuestra capacidad para navegar por la frontera S. Debemos reconocer lo que podemos controlar, crear algunas reservas y luego proteger lo que hemos logrado. Shakespeare tiene una frase encantadora que me hizo ahorrar: «Así degustaré desde el principio el desaire mayor de la fortuna». En otras palabras, tenemos la responsabilidad de anticipar el daño antes de que ocurra y de tener reservas para poder manejarlo.

Los hechos superiores de la salud

La reforma de la atención médica a principios de este nuevo siglo era una necesidad social conocida en todo el mundo. Las naciones apostaban cada vez más cantidad de su presupuesto al cuidado de los ancianos, los traumatizados y los heridos, sin crear reservas adecuadas. Aquí en Estados Unidos, después de la elección del presidente Obama, ya no podíamos permitirnos el lujo de hacer nada sin atención médica, pero tampoco podíamos pagar su precio futuro con la calidad que esperábamos. Por lo tanto, prestemos atención a este compromiso moderno y austero. Es un presagio de las cosas por venir, y deberíamos prestarle mucha atención.

La historia social es siempre reactiva, un reequilibrio de los roles del gobierno, las innovaciones en ciencia y tecnología y la lógica de los mercados. El presidente Obama surgió de un contexto histórico: su elección fue la culminación de una respuesta a las tres décadas de las políticas de Ronald Reagan y Margaret Thatcher. Pero la verdadera lección se encuenta en los edificios corporativos, fuera de las grandes capitales del mundo. Hacer más con menos se está convirtiendo en el mantra de General Electric, Walmart, Google y de otros gigantes globales a los que me refiero como empresas World Inc. (*véase* los abundantes recursos gratuitos sobre este concepto en www.WorldIncBook.com).

¿Quién dirige el mundo, si no las naciones-estado?

¿Qué he aprendido al observar los primeros años de la Administración del presidente Obama? ¿Qué he aprendido de otros líderes recién elegidos, desde Turquía hasta los países latinos? ¡Nada comparable a lo que aprendí observando a las grandes corporaciones durante los últimos diez años! Este impulso físico para hacer más con menos nace de la disciplina corporativa y de la elección personal, más que de cualquier tipo de política gubernamental formal.

Son las corporaciones las que han respondido a las necesidades de hoy en día. Si observas detenidamente la pobreza y la enfermedad, y las tensiones relacionadas con el agua, la tierra y los bosques, verás que los gobiernos y las organizaciones sin ánimo de lucro enmarcan las preguntas que las corporaciones pueden responder. Ésta ha sido la tendencia en el siglo XXI hasta ahora. Encuentro esto notablemente diferente a los tiempos de los romanos, o a los tiempos en que Estados Unidos se puso de pie después de la publicación de *Los documentos federalistas*.

Como expliqué en mis anteriores dos libros, los últimos diez años nos han obligado esencialmente a aprender de nuevo el clásico arte de la austeridad corporativa y aplicarlo de manera agresiva en las culturas industriales desde Asia hasta Europa y América del Norte. Este nuevo enfoque ha cambiado la política, la vida corporativa e incluso nuestra forma de ahorrar en un parpadeo de unas pocas temporadas. Lo veo como el gran diferenciador en la vida corporativa y política. Las formas de pobreza que existen en la actualidad sólo pueden ser respondidas por una oleada global de ingeniosa austeridad competitiva (*véase* la Figura 3.2).

Esta demanda de austeridad competitiva no procede de los líderes nacionales; es una característica reciente y extraordinaria del industrialismo avanzado. Mientras que las noticias de la tarde nos entretienen, con bustos parlantes que dicen poco que tenga consecuencias a largo plazo, la silenciosa e insistente llamada a la austeridad aumenta en sus cadencias.

Pobreza económica
Más de 2 mil millones de personas viven con menos de 2 dólares al día.

Pobreza energética
1,6 mil millones de personas no tienen acceso a la electricidad.

Pobreza de la movilidad:
900 millones de personas no tienen acceso al transporte.

Pobreza del agua:
1,8 millones de muertes por año debido a la falta de saneamiento, higiene y agua potable.

Figura 3.2. La pobreza hoy en día

¿Por qué esto es importante? Bueno, si no nos adaptamos a este imperativo superior para competir por la austeridad, sentiremos la gravedad de los límites aún con más intensidad. Si no adoptamos los cambios necesarios de actitud y valores (en respuesta a los hechos enumerados en la Figura 3.2), las fabulosas complejidades del dinero continuarán desconcertándonos y haciéndonos daño. Seremos impulsados por la frontera S, en lugar de ser enriquecidos por ella.

Muchos europeos y estadounidenses creen erróneamente que, cuando se trata de cuestiones complejas, desde los combustibles fósiles hasta la inmigración y la atención médica, podemos lograr los cambios necesarios sólo a través de la regulación. Desde la Segunda Guerra Mundial, muchas naciones actúan como si las reglas dieran prioridad a la configuración del dinero, las inversiones y la dirección de las personas.

Pero, en un mundo restringido por los combustibles fósiles y el capital, la regulación no es suficiente. Por sí sola, ésta proporciona menos de la mitad del par de tijeras necesarias para superar los problemas de este mundo.

Las corporaciones, al menos las mejores, entienden esto. Reinvierten en sus trabajadores y remodelan sus gastos a medida que se realinean continuamente a los cambios sociales y las fuerzas del mercado. Claro, las reglas son parte de la gran mezcla que permite el flujo de dinero y el aumento o la caída de las personas. La historia nos muestra que las reglas definen el promedio, el suelo, la base y la media. Pero pensar que las reglas son la única respuesta es resistirse a algo fundamental de la naturaleza humana. Preferimos encontrar una respuesta justa y competitiva a un problema a que nos digan qué debemos hacer. Queremos subir la escalera de la frontera S corriendo.

Esto es lo que veo en el mundo de hoy: debemos volvernos globales a medida que nos hacemos verdes. Debemos ahorrar, ya que este mundo es mucho más rápido que nuestros mejores pensamientos, y castigará el derroche y con el tiempo eliminará a los líderes zopencos.

El dinero y las personas reformarán estos temas más rápidamente que el conjunto más ambicioso de nuevas reglas establecidas por los gobernadores u otros funcionarios electos. Las reglas, según mi experiencia, simplemente estabilizan nuevos conjuntos de hechos sociales, como los relacionados con las emisiones de CO_2 de los automóviles o los destinados a protegernos de los conductores ebrios o que van a una velocidad excesiva. Pero si las reglas incluyen de la A a la C, el dinero y las personas enriquecen y completan el alfabeto de las sociedades industriales.

Observemos la legislación sobre el cinturón de seguridad, las nuevas reglas para eliminar las bombillas derrochadoras y la manera en que la Agencia de Protección Ambiental está regulando el CO_2 en ausencia de alineación en el Congreso. Los primeros usuarios adoptan la forma posible y necesitan un cambio, y luego el dinero sigue rápidamente la oportunidad bajo las nuevas reglas más exigentes. Ése es el camino de este mundo. El trabajo de este libro es llevarte de la D a la Z, no establecer las reglas que ya sabes que deben promulgarse.

Otra manera de resumir este nuevo camino hacia el liderazgo social es contemplar esta paradoja: el mundo corporativo, que es la fuerza principal que moldea la historia social hoy en día, es mucho más competitivo que nuestras mejores filosofías y creencias consagradas en el tiempo. Ésta podría ser la razón por la que muchas de nuestras escuelas profesionales llevan décadas detrás del estado del arte en las empresas.

La educación deficiente tiene sus consecuencias: los líderes empresariales modernos tienden a burlarse de los riesgos y a celebrar el intento audaz. Los profesores de empresa glorifican lo arriesgado, y durante años promocionaron la grandeza de Enron, por ejemplo, está claro que sin conocer todos los hechos. No tiene sentido seguir adelante con las viejas formas cuando el resultado podría ser un caos y cierta pérdida. Sin embargo, a menudo he encontrado que el moderno MBA olvida las lecciones clásicas de precaución, inventiva y austeridad. Después de todo, mientras estaba construyendo mi empresa, pasé cuarenta y cuatro semestres enseñando, así que creo que he visto ese patrón más amplio. Hasta que estallaron las burbujas de Enron, de los mercados de derivados y de los bienes raíces, la mayoría de los profesores habían dejado un rastro de ingenuas alabanzas en sus publicaciones, al igual que las revistas de negocios y la prensa convencional.

Ésta es la razón por la que debemos ser como Benjamin Franklin y, en las próximas décadas, volvernos increíblemente inventivos en cuanto al desarrollo de nuevas formas de energía. También debemos ser increíblemente austeros en nuestras inversiones. Como lo demuestra el derrame de BP Gulf: un error en un mundo veloz puede costarle a una empresa 20 mil millones de dólares. Como aprendimos al ver a Toyota responder al escrutinio público de sus problemas sobre seguridad y calidad, la tolerancia hacia los zopencos en este nuevo siglo está en su punto más bajo. Debes desechar esos viejos mitos de la escuela de negocios y enfrentarte a los hechos más altos.

Para lograr la paz y la prosperidad, para alcanzar la próxima Edad de Oro, debemos desarrollar y difundir el arte de la austeridad. La próxima Edad de Oro será una prosperidad austera para un número creciente de personas. Los bien vestidos embajadores de la austeridad deben ofrecer esta lógica como la larga espada de nuestra política, como el himno de nuestros días de trabajo y nuestras noches.

La manera de actuar es observar las crecientes relaciones entre las demandas financieras por la austeridad, los desafíos para la eficiencia de los patrones de uso de energía y de los combustibles fósiles, y los llamamientos recurrentes a la sostenibilidad. Los MBA de las empresas deben volver pronto a esta correlación.

Si el pensamiento rigiera este zoológico

Con la agitada tempestad de este nuevo siglo aún salpicándonos de agua y sal, debemos mirar hacia adelante con la resolución de un pescador solitario en una tormenta. Debemos olvidarnos de las hordas de analistas que amaban las grandes apuestas, a las Enron y a las Lucent. Lo mejor de nosotros producirá esta ingeniosa austeridad.

Estoy seguro de que, en unos pocos años (sin duda antes de que cumpla los ochenta, en 2035), veremos cambios legislativos rápidos y polémicos en temas importantes como los impuestos a los combustibles fósiles, los requisitos de la cartera de energía renovable y las obligaciones fiscales tanto para las empresas pequeñas como para las grandes.

Los defensores sociales a menudo dicen que no hay suficiente tiempo, que un movimiento gradual hacia la austeridad nos costará demasiado en términos del precio del petróleo, de nuestras casas y de nuestros automóviles. Sigo discrepando, porque veo que este cambio ya está ocurriendo. El reconocimiento de la necesidad de la austeridad se ha cocinado a fuego lento desde la Segunda Guerra Mundial, pero es probable que veamos que las reglas y el dinero se realineen cada vez más rápido a medida que la población llegue a esa persona número 7.000 millones.

La retrospectiva del vigilante del zoológico

En mi juventud, justo después de acabar mi tesis de doctorado en Cornell, trabajé en Washington D.C., en asuntos legislativos. En aquel entonces, durante la Administración de Carter, Reagan y la primera de Bush, muchos consideraban que la cuestión de la conservación y la austeridad era socialista y antiamericana. Mientras escribía mis dos primeros libros sobre legislación en la década de 1980, y mientras interactuaba con estos legisladores, percibí una ceguera significativa en todo el sistema político, una negativa a enfrentarse a los hechos reales.

Esta ceguera, esta negativa a hacer preguntas sobre la vinculación de la competitividad global con la austeridad, me brindó algunas oportunidades interesantes que aproveché con rapidez y agresividad. La aprobación del programa Superfund y la Ley de Conservación y Recuperación de Recursos hizo que muchas parejas extrañas en la política, y en el mercado, se alinearan. Con bastante rapidez, pasamos del vertido de los productos químicos industriales en pozos, estanques y lagunas industriales a establecer un mercado para el tratamiento y la limpieza.

Éste es mi punto de vista: todo el sistema político global, desde el Reino Unido hasta Estados Unidos y Australia y África, ahora se está revisando debido a limitaciones físicas y financieras reconocidas. ¿Ya lo hemos conseguido?, puedes preguntar. Por supuesto, la respuesta es no. Pero los patrones son bastante claros si los miras desde la perspectiva de la competencia por los recursos limitados. Si el pensamiento dirigiera este zoológico, en lugar de los prejuicios y el poder, algunos de estos caminos de pensamiento ya estarían firmemente asentados. Nación por nación, nos habríamos alineado con los principios de hacer más con menos. Mi consejo es: no te detengas ahí, ya que una y otra vez sabemos qué sucede a lo largo del tiempo con los prejuicios y el poder anticuado.

Al marcharme de Washington, fui caminando hacia el futuro. Mientras caminaba, construí una empresa de agentes de cambio. Durante años, dijeron que éramos facilitadores del capitalismo de respuesta social.

Mañana diremos más. El futuro cercano está muy próximo, esto es lo que preveo para tus próximas tres o cuatro décadas.

Puedo ver en 2015 grandes torres urbanas, rascacielos dedicados a la producción de alimentos para abordar los desequilibrios de alimentación para el exceso de población. Los veremos primero en Asia, luego en las zonas más pobladas de Europa, y más adelante, antes de 2045, creo que serán visibles en las fértiles zonas de Estados Unidos, desde los distritos congresales del noreste hasta los del medio oeste y quizá también California.

Esto ocurrirá por la sencilla razón de que ya no podemos cultivar suficientes alimentos en la granja tradicional de dos dimensiones. Podemos tener una revolución orgánica en Burlington, Middlebury o en Vermont, y en una ciudad pequeña como en la que vivo. Sin embargo, mirando más allá del actual panorama, podemos esperar que sólo los productores de megaalimentos como ConAgra, Unilever, Coca-Cola y otros parecidos sigan pronto esa ruta de varios frentes.

Ya veo que acontecerá un rápido progreso en las energías renovables, ya que la producción neta de petróleo convencional continúa disminuyendo cada año. Actualmente formo parte de la junta directiva de la Alianza Empresarial Sostenible de Washington, y sé que el tema de las energías renovables surge en cada reunión. También formo parte del consejo asesor de una firma con sede en Atenas en la que participan líderes de India, Francia y Japón, y todos buscamos sistemáticamente recursos renovables en lugares que van desde Grecia y los Balcanes hasta donde sea que pueda fluir el dinero.

Ya contemplo la aparición de productos más inteligentes, como los motores híbridos en los automóviles, los metales menos tóxicos en los ordenadores y los hogares más eficientes. Podemos esperar que Burlington Northern Santa Fe (BNSF) de Warren Buffett y nuestras filiales corporativas, CSX y Canadian National Railway, realicen estos ajustes relativamente pronto, y esto es sólo el comienzo. Mis libros anteriores se han enriquecido con estos primeros ejemplos, y los talleres que organizamos para nuestros afiliados corporativos tienen cada vez un mayor número de asistentes. Los principios que exploramos en esta obra son generalizaciones basadas en hechos, esbozos del futuro cercano.

Lo que importa ahora es que tú participes de esta manera de pensar y de actuar. ¿Alrededor de qué elemento de esta carrera social, de este desenredo de necesidades clave, deseas centrar tu competitividad? (*véase* la Figura 3.3). Mi personal trabaja en el análisis de las energías renovables, las inversiones inteligentes, el rediseño cuidadoso de los automóviles y de la movilidad, el futuro del ferrocarril en una época de combustibles fósiles, el del suelo y el de la producción de alimentos de formas que sean menos dependientes de dichos combustibles. Y también lo están haciendo nuestros muchos competidores saludables.

Urbanización
Poblaciones envejecidas
Cambio climático
Globalización
Disminución de las reservas de energía
Escasez de agua
Escasez de tierras cultivables

Figura 3.3. Megatendencias clave que inspiran austeridad competitiva

Puedes sentir el avance de estas enormes olas tan sólo ajustando tu pensamiento. Escribo sobre historia social, no sólo narrativa personal.

Esto es lo que podemos esperar: la próxima ola después de la reforma del sistema de salud producirá un conjunto de reformas financieras más sólidas y globales. Predigo que para 2020, dentro de nueve años, veremos una reforma corporativa seria y sostenida de las juntas directivas y de los procesos de selección de miembros.

Para el 2030, las artes de la austeridad competitiva estarán en plena vigencia en relación con los agronegocios. Las empresas, entre ellas Cargill, ConAgra, Smithfield Farms y los gigantes de las bebidas Diageo y Coca-Cola, están desarrollando planes de negocios muy sofisticados basados en los principios de sostenibilidad que se mencionan en este libro. Las habilidades requeridas de contabilidad de gestión se combinarán con las de austeridad competitiva, por primera vez en las organizaciones públicas.

Para 2030, este enfoque pronto caerá en cascada hacia todos los líderes de resultados de todas las empresas manufactureras, y rápidamente ecologizará incluso a los directores financieros y directores de operaciones más reticentes. Una serie de talleres que llevamos a cabo para muchas organizaciones grandes llamada «Competir por la sostenibilidad» no sólo será una intención, sino también una ventaja competitiva. Esto significa que los líderes corporativos que se ocupen pronto de la necesidad de sostenibilidad aumentarán visiblemente, ya que los demás no se dan cuenta de esta lógica. Al final, el capitalismo global se convertirá en capitalismo de respuesta social para 2030. Nuevamente, algunos preguntarán si podemos esperar estos 19 años adicionales. Muchos fracasarán en la espera.

Es una nueva y áspera verdad que emerge rápidamente. Los mercados recompensarán a los que primero adopten la idea de que cada vez hay menos tierra por persona para suministrar los alimentos y la energía necesarios. Satisfacer estos desafíos implicará rápidos e importantes cambios hacia los combustibles alternativos y permitirá lo que he llamado una revolución implacable de World Inc. en productos y procesos (*World Inc.*, Sourcebooks, 2007).

En resumen, predigo que únicamente un tema dominará nuestras próximas dos décadas en los negocios y la sociedad: tendremos que hacer más con menos. Desde el gobierno hasta las empresas grandes y pequeñas, así como las familias, éste será nuestro objetivo.

Para otros ejemplos de austeridad en acción, visita:

- www.allAfrica.com/stories
- www.MoneyShow.com/investing
- www.AsiaNewsNet.net/home/news
- www.EthiopianReporter.com/english/index
- www.TheJakartaGlobe.com/opinion
- www.BusinessAndEconomy.org

◆ Tras trabajar en la gestión del cambio social y corporativo durante más de 30 años, puedo decir con certeza que nunca antes ha habido tanto interés global en hacer más con menos.

Resumen

El arte de la austeridad competitiva

- ◆ El mundo más pequeño de hoy en día requiere la austeridad en los gobiernos, las corporaciones, las empresas privadas y los hogares.
- ◆ Los límites nos permiten encontrar un nuevo enfoque austero a un problema como, por ejemplo, la disminución del gasto en atención médica respondiendo a las necesidades de muchas personas.
- ◆ La edad del consumidor está dando paso a una era más creativa de moderación.
- ◆ Las corporaciones están descubriendo formas de abordar la pobreza, las enfermedades y las tensiones derivadas del uso del agua, de la tierra y de los bosques a través de la innovación.
- ◆ La gravedad de los límites se hará más evidente si no hacemos el cambio necesario hacia la innovación y la austeridad.

Capítulo 4

Hacer más con menos: un ensayo sobre la libertad y el destino

Nos cobran el doble de impuestos por nuestra ociosidad, tres veces más por nuestro orgullo y cuatro veces más por nuestra locura.

Benjamin Franklin, *El camino hacia la riqueza*

He tenido suerte en la vida. Al nacer pobre, enseguida aprendí las habilidades para poder hacer más con menos. Comprobé lo cerca que están de la austeridad, la inventiva, la creatividad y la diplomacia. Estas opciones se asentaron en mi cabeza como miembros de mi misma familia compitiendo entre sí.

De mi madre aprendí a actuar con espíritu de austeridad y de mis hermanas a imitar su inventiva y diplomacia. Después de que mi padre muriera cuando yo tenía tres años, mi madre, Lillian Anna Piasecki, tuvo que criar a niños de acogida temporal de los orfanatos de Nueva York para poder llegar a fin de mes. De Lillian aprendí que las advertencias de Franklin sobre la locura, el orgullo y la ociosidad resultan dolorosamente ciertas y tienen poco margen de protección.

Crecí en los suburbios de Long Island sin coche ni dinero para salir a comer fuera. Aquella escasez de medios, en realidad, me proporcionó el tiempo y la oportunidad de explorar cuáles eran mis intereses y determinar cuál sería mi propio camino. Siempre terminábamos las comidas rápido, y nos pasábamos los días descubriendo cosas. Quienes pertenecen a clases sociales en las que la riqueza escasea no están obligados a realizar actividades, cumplir las reglas y las expectativas profesionales. Nosotros comenzamos temprano a actuar y asumir riesgos. Y las articuladas guerras del destino dentro de nuestras cabezas siempre están juzgando, siempre evaluando qué funciona y qué no, mientras delinean un tenue camino en la arena para que lo sigamos.

Mi educación me otorgó una década completa de pruebas y descubrimientos en las artes de la austeridad competitiva antes de poder disfrutar de las llamadas ventajas de la universidad. Puedes considerar esto como un largo primer plano. Y en mi caso era muy simple. Se entabló una batalla dentro de mi mente joven, donde muchas voces se agitaban, instándome a que me convirtiera en un soldado o en un sacerdote, en un atleta o en un profesional. Aquellas voces eran mi manual de jugadas, y mi forma de actuar se sintonizó a partir de las experiencias directas filtradas a través de los principios de mi madre. Escuchaba sus órdenes de una manera más inquieta que lógica. De hecho, en cierto modo, la primera decisión de convertirme en un atleta o en un militar fueron mi particular Harvard y Yale antes de Cornell.

Mi hermana china, Susie Ying Chang, y mis hermanos puertorriqueños, Edwin Torres y Theo, me enseñaron a superar los prejuicios y los comportamientos de zopenco que se dan continuamente en la escuela y en la calle. Aprendí que algunos maestros y determinados profesionales bien intencionados ignoraban qué era lo que motivaba a los pobres.

Nos castigaban con reglas superficiales, sólo para salvar la cara o complacer a sus jefes. No emplearon ni un solo minuto en entender el razonamiento que subyacía en nuestras acciones. Estas autoridades, desde los directores hasta los sacerdotes, desde los entrenadores hasta los fanáticos de los deportes, a menudo no comprendían mi razonamiento: en resumen, por qué actuaba de una manera determinada. Entonces pasaban por alto que mi error era el resultado de un esfuerzo consciente por aprender haciendo. Lo que ocurre es que muchos los pobres se dan por vencidos con sólo explicar su forma de pensar y se automarginan. A menudo, me llamaban al despacho del director para acabar descubriendo que un nuevo maestro no creía que Edwin Torres fuera mi hermano.

Pero después de ese período vendría una lección más importante. Durante mi adolescencia, consideraba la vida de quienes me rodeaban en relación a lo que podían hacer después de (y como reacción a) la resistencia, la represión o el abuso. No dejaba que una situación estresante me afectara durante mucho tiempo porque eso haría que las dificultades de la vida me hicieran retroceder. Me dije a mí mismo que no me quejaría ante mis amigos a causa del malentendido de un adulto. Así que yo solo me negué a permitir que las derrotas personales me socavaran.

A esto me refiero cuando digo que el mundo de los acontecimientos siempre es más rápido que nuestros pensamientos. Todos experimentamos la compleja combinación de recompensa, castigo y retroalimentación constante que proporcionamos habitualmente a los jóvenes. En realidad, lo que cuenta al final es lo que eliges hacer a diario con la severidad del mundo.[4]

Avance rápido

Mientras escribía este libro experimenté un ejemplo de lo que denomino *crecimiento postraumático*. El año pasado, en el Skidmore College, escuché a Susan Retik, presidenta y cofundadora de una organización llamada Beyond the 11th.[5] La conferenciante habló con ímpetu y convicción, y me conmovió, al igual que a mi esposa, a mi suegra y a mi hija, entre otros muchos asistentes. Susan y la cofundadora de la Beyond the 11th habían perdido a sus maridos en los atentados del 11 septiembre en Nueva York.

---

4. Si desconfías de lo que sostengo aquí, por favor, lee el brillante ensayo *Destino*, de Ralph Waldo Emerson, una breve iteración sobre la escasez y la austeridad en este mundo veloz y difícil. Emerson escribió este ensayo compuesto de cinco partes tras la prematura muerte de su hijo Waldo. Lo considero su ensayo más valioso, en relación a las tensiones del mundo moderno, porque es sincero, aunque duro, y útil desde la primera hasta la última línea. El autor nos ofrece una teoría del enfrentamiento contra nuestro propio destino.

5. «Más allá del 11», en referencia al 11 de septiembre de 2001. *(N. del T.)*

Después de unos meses de vivir bajo la sombra del trauma, comenzaron a recaudar dinero para miles de viudas de Afganistán que se arriesgaban a perder a sus hijos si se volvían a casar. Según las costumbres matrimoniales de su cultura, cuando una viuda vuelve a casarse, los hijos de su primer marido deben regresar con la familia de su padre. La viuda, en consecuencia, se traslada sola a la casa y a la comunidad de su nuevo esposo, despojada de sus hijos.

Tres meses después, la pequeña organización sin fines de lucro de Susan dio clases de alfabetización a las mujeres afganas. Bajo los auspicios de CARE y otras organizaciones que se habían puesto en contacto con las viudas, un equipo de voluntarios les enseñó cómo optimizar sus habilidades para poder vivir independientemente con sus hijos. Susan incluso aprendió a trabajar al lado de los talibanes para que no rechazasen el apoyo que se brindaba a esas mujeres abandonadas.

Una reflexión sobre la reflexión

Ahora puedo decir que vi en Susan la fortaleza que había visto por primera vez en mi madre. Aunque Susan ha recibido una mayor educación que mi madre, ambas comparten el origen de esa fuerza para superar el trauma. Susan Retik encarna el crecimiento postraumático: en lugar de dejarse vencer por el estrés causado por su propio trauma y tragedia, fue capaz de incrementar el valor social trabajando para los demás. Estas extraordinarias opciones de crecimiento son en realidad bastante comunes, ya que están disponibles para muchos de nosotros. De hecho, los seres humanos pueden estar programados para aprender haciendo incluso después de vivencias traumáticas.

Mientras tanto, muchas personas de mi antiguo vecindario se quedaron atrás, atascadas por el propio peso de su vecindario. Antes de que uno pueda saltar fuera de la caja, debe examinar la sensación de estar cautivo y explorar esos límites. Muchas veces he hablado de los primeros placeres que me aportó la escasez. Al enfrentarte a la escasez, tienes la oportunidad de experimentar la dimensión completa de todo cuanto tienes. Llegas, por ejemplo, a conocer íntimamente cada capítulo de cada una de las lecturas y relees los mejores fragmentos muchas veces; haces un inventario de todo, desde las comidas hasta los calcetines de gimnasia, porque todo es importante.

No obstante, es fácil sentirse como si fueras una caja sorpresa, una especie de juguete. Aquellos que reconocen su promesa oculta hacen todo lo posible para darle vida, por lo que salen disparados de la caja, juegan ese partido de baloncesto con sus amigos y luego regresan a la caja. A veces da la impresión de que la comodidad sólo se encuentra en el interior de la caja. Otras, parece todo lo contrario, como si todo las cosas buenas sucedieran sólo fuera del vecindario.

Algunos salimos de esa caja y disfrutamos de una oportunidad en la universidad y compartimos, asimismo, una serie de principios recurrentes sobre la competencia leal, mientras que otros simplemente disfrutan de una prolongada buena suerte.

Entre estos dos estados, competencia leal y buena suerte, reside el gran misterio del destino y la buena fortuna. En este capítulo se hace una reflexión moderna sobre la libertad y el destino, la pregunta fundamental para una vida bien aprovechada hoy y mañana.

Con ese fin, aquí hemos explorado el nexo entre la libertad y el destino en términos de cómo puedes lograr un sentido de propósito y paz en tu interior, a pesar de la gran resistencia que te encontrarás en el camino.

Razones por encima de las reflexiones

La buena fortuna me acompañó cuando conocí al nuevo pensador económico E. F. Schumacher en la universidad. Schumacher me permitió la libertad de acceder a otras formas de pensamientos ajenos a los de la cultura académica dominante del lado de la oferta. Un principio muy claro me inició correctamente en su manera de entender el mundo: «Piensa generosamente en los pobres», me advirtió Schumacher, «porque hacen mucho con muy poco».

El trabajo liberador de Schumacher me ayudó a dejar atrás esa sensación de ser una caja sorpresa. Bajo el legado de este gran economista, terminaré esta obra considerando lo que se necesita para evitar más guerras y conflictos en un futuro próximo, y describiré lo que entendemos por inteligencia emocional en el mundo de los negocios. Según mi experiencia, estos temas diferentes pero interrelacionados construyen un punto general sobre la libertad: aunque la mayor parte de todo aquello a que nos enfrentamos involucra grandes elementos de suerte y destino, a menudo tenemos suficiente control sobre ello como para marcar una diferencia en nuestras vidas.

Un pequeño pájaro llamado destino

Mis primeras experiencias de pobreza y perseverancia se asentaron en mi mente como un pajarito, lo que me proporcionó algunas buenas opciones de vida.

Al igual que Franklin, pasé un tiempo tratando de eliminar mis imperfecciones más graves, desde el tabaco y el alcohol hasta las drogas en el deporte. Sabía que tendría que quitarme algo de peso de los hombros, mantenerme erguido y salir de la pobreza para encontrar la inventiva. Los siguientes ejemplos retratan mi seriedad deportiva al contemplar el destino.

Mi primer trabajo remunerado, entre los 8 y los 10 años, consistió en lavar coches. Luego, durante mi adolescencia y los veranos de los primeros cursos de la universidad, realizaba dibujos de las casas pertenecientes a la gente rica de mi ciudad natal y de las ciudades cercanas. Al dedicarme a vender en los vecindarios más ricos pude aprender mucho sobre el negocio de las ventas, el margen de los precios y los conceptos básicos de la empresa relacionados con el personal y el talento. Logré todo eso antes de empezar los estudios formales en Cornell.

Este patrón de austeridad competitiva temprana maduró cuando pasé de la escuela secundaria a la universidad y de ahí a mis primeros trabajos profesionales. Rara vez estaba mano sobre mano, los mercados me impedían establecer cualquier tipo de falso orgullo, y mis amigos y mi familia a menudo me mantenían alejado de los problemas. Muy pronto se me presentaron algunas oportunidades estabilizadoras, y luego deprimentes, en el mundo académico.

Un extraño en el paraíso

Durante los cuarenta y cuatro semestres que ejercí de profesor me sentí como un extraño en el paraíso. En retrospectiva, este sentimiento es aún más profundo que el de distanciamiento. Ni cuando estuve en Cornell ni en Clarkson ni tan siquiera en el Instituto Politécnico de Rensselaer (RPI), nunca, en realidad, me sentí completamente como en casa en un entorno laboral de élite. En estas escuelas, todavía era una caja sorpresa, pero me faltaba el esmalte adecuado para brillar. Para la facultad, era un elefante en una cacharrería; y para mis conocidos, a menudo una vergüenza.

La gran mayoría de profesores, mientras permanecen absortos en los esfuerzos de su propia investigación y en llevar sus vidas personales, son apenas conscientes del ritmo y de los patrones de trabajo que los estudiantes realizan además de su labor en clase. Yo, por ejemplo, escribí mi primer libro, publicado en 1976, mientras estudiaba, sin que mis profesores lo supieran. Además, mi paso por el mundo académico me otorgó tanto el tiempo como los recursos necesarios para desarrollar mi propio enfoque sobre el dinero, las personas y las reglas. Ningún profesor se preocupó por mi intento de fundir todo esto en una filosofía operativa general. Así que era libre de deambular, inventar, refinar y probar, tal como había hecho en la juventud. El regalo más grande que pudo hacerme aquella institución es que me libró de trabajar en una fábrica, como muchos pensaron que sería mi primer destino.

Al ser una persona inquieta, participé en otras actividades durante esos 44 semestres en que permanecí en el limbo. Ejercí de lobista durante parte de ese tiempo y fui lo suficientemente emprendedor como para construir mi empresa y escribir los libros que publiqué entre 1981 y 2000.

No es raro que los profesores de las mejores escuelas, a medida que su reputación crece, realicen cada vez más trabajos relacionados con la escritura, la oratoria y la consultoría. Sin embargo, yo fui un poco diferente: nunca me sentí a gusto entre la élite del entorno académico. De hecho, salía de las reuniones de la facultad y de la mayoría de las clases que impartía con el único deseo de volver a mi trabajo.

Vivir ese contraste diario entre la teoría y la práctica fue bueno para mí, aunque al final no resultó ser lo suficientemente satisfactorio. Por eso admiro a las personas que no están vinculadas a una sola fuente de ingresos. Según mi experiencia, una gran parte de la gente que trabaja para una sola corporación, o en el caso del periodismo para un solo medio, se creen moralmente superiores. Esos profesionales de flujo único se preocupan demasiado y se consumen en su esfuerzo por permanecer puros. Pero el mundo académico te permitía obtener unos ingresos adicionales y la oportunidad de explorar otras relaciones que no fueran las derivadas de las profesiones inmediatas, simplemente porque nadie miraba. A los senadores les gustaba hablar con los profesores, al igual que la prensa.

Durante la mayor parte de aquellos días en el paraíso, y especialmente después de casi todas las reuniones del comité de ascensos y nombramientos, una consigna permanecía presente en mi mente: «Los actores hablan de las cosas imaginarias como si fueran reales; los académicos hablan de las cosas reales como si fueran imaginarias». Esto no es cierto en el sentido de que muchos profesores excepcionales cambian la naturaleza de la investigación o hacen importantes contribuciones técnicas a la sociedad. Pero, lamentablemente, es cierto para muchos profesores de las escuelas de administración de empresas. A menudo me sorprendía, y también me deprimía, ¡qué pocos escritores clásicos se hallaban en las estanterías de sus bibliotecas estantes!

Yo era un extraño en el paraíso porque me negué a aceptar el juego del pensamiento académico y a ser examinado por mis iguales. La vida, ese mundo de eventos, siempre discurría más rápida que mis pensamientos, entonces, ¿por qué debía confiar sólo en las nociones de éxito de mis compañeros? En otras palabras, mi instinto para conservar, proteger y permanecer alerta era más fuertes que mi formación académica. Ésta, más que mi adiestramiento en Cornell, fue la fuente de mi interés en asumir riesgos inteligentes.

Vivir situaciones traumáticas temprano te enseña a no creer que el reino del pensamiento puede ser más rápido que el mundo de los aconte-cimientos. Mi madre, Susan y muchas otras personas que disfrutan de los beneficios del crecimiento postraumático lo saben. Ello les permite asu-mir riesgos y ser persistentes todos los días de su vida. Ésta es la esencia misma del existencialismo: somos arrojados a este mundo y la vida no se detiene hasta que la muerte la obliga. Me parece que muchos fundadores de empresas comparten esta mentalidad cuando emprenden sus propios negocios. En su mentalidad activa se alojan los mismos tipos de fuerzas.

Por eso, después de todo lo vivido, me siento afortunado. Simplemen-te me sumergí en la vida y aprendí haciendo. No obstante, ahora tengo claros los principios. Y el hecho de escribir este libro hace que los patro-nes sean más perspicaces. Espero que pueda compartir contigo todo esto.

La página financiera de las Startup

En una ocasión, mi hija me hizo una pregunta bastante inteligente: «¿Cómo fundaste una empresa, papá, cuando tenías tan poco al princi-pio? ¿De dónde sacaste lo suficiente para comenzar y luego para pagar a las personas con las que trabajabas?».

En los anales de la revista *Inc.* se sugiere que la cuestión de hacer más con menos domina las páginas financieras de la mayoría de las nuevas empresas y los primeros recuerdos de muchos emprendedores. El arran-que de una empresa es algo natural para quienes obtienen atención temprana, ya sea en los deportes o en la calle. A menudo, estas personas comienzan y no descansan hasta obtener el Máster en Administración de Empresas (MBA).

Incluso cuando ganaba menos de 5.000 dólares al año como dibujante en la escuela secundaria, ahorraba al menos el 33 % de ese ingreso anual por previsión. Durante mis diez años de estudios y mientras enseñaba con un sueldo en Cornell, gasté mucho menos que el importe total de mis becas, incluso después de comprar montañas de libros, enriquecer mi mente con películas y obras de teatro, y complacerme muchas veces, con regocijo, en la alegría de disfrutar de los buenos amigos. Las biografías de Benjamin Franklin están llenas de detalles de cómo él combinó la austeridad con el placer y la invención, así como con los amigos.

Semanas después de fundar mi empresa en 1981, asumí mi primera cátedra en la Universidad de Clarkson en Potsdam, Nueva York, y comencé a ahorrar aún más a través de la Asociación de Seguros y Anualidades para Profesores, del Fondo de Capital de Jubilación, tan pronto como me fue concedida la plaza. Recuerdo haber firmado los papeles de la jubilación (TIAA- CREF) en un sótano y haber pensado en el dinero que obtendría en el futuro (¡un futuro que está a sólo treinta y siete meses de distancia mientras escribo estas palabras!).

Así pude concebir mi primera idea de la planificación a largo plazo; no importa lo poco que tengas en esa cuenta al principio, en la TIAA-CREF, los administradores de fondos tratan a todos los clientes con esmerada atención e interesantes proyectos. En la actualidad, invito a los responsables de la gestión de estos ahorros de 440 mil millones a que hablen en mis seminarios de liderazgo. ¿Por qué? Bueno, creo que es útil que estos ahorradores a largo plazo compartan sus estándares y su método de supervisión con mis clientes y afiliados corporativos.

Ahora, en el presente, pienso que algunos de aquellos decanos deberían haberme preguntado si estaba haciendo una doble inmersión durante esas décadas en que tenía un flujo considerable de ingresos, ya que siempre encontraba maneras de complementar con fuentes externas el magro salario de profesor.

Esas otras fuentes de ingresos, que revelé a los miembros de los consejos generales de las escuelas donde trabajé, eran las conferencias, los trabajos de consultoría para firmas grandes y pequeñas, y algunas colaboraciones que hice como corresponsal para un lobby de mucha importancia. Potsdam era una comunidad muy pequeña, así que anhelaba la acción de las asignaciones en Washington D.C. En retrospectiva, quiero que la nuevas generaciones sepan cómo se te abren las puertas del poder a ti y a la Casa Blanca si sabes cómo hacer las preguntas correctas, de manera eficiente y con respeto.

Durante los primeros veinte años después de haberme doctorado, mi esposa y yo nos apoyamos y vivimos de acuerdo con la idea de Abraham Lincoln de que la única manera de probar el rigor de las creencias de uno mismo es tomar «frecuentes baños de opinión pública» a través de conferencias y charlas. Queríamos ponernos a prueba con frecuencia fuera del mundo seguro de la academia, donde las audiencias son esencialmente mercados cautivos.

Durante un tiempo fui a Washington tres veces al mes. De este modo satisfacía mi vocación docente y además viajaba, evitando así la ociosidad sobre la cual tanto advirtió Franklin. Elegí enseñar la autobiografía de Franklin en Clarkson durante diez años. Para aquel entonces ya había asimilado bastante sus líneas de pensamiento.

Franklin le proporciona a tu cerebro un tipo de música productiva. Su estilo aforístico resuena como una canción, repitiendo el refrán de que «puedes hacerlo», un mensaje que tiene una motivación real y un estímulo subyacente. Este apoyo tonal significó, y significa todavía hoy, mucho para mí.

Cuando le pregunto a algunos amigos si su vida después de la universidad siguió derroteros similares, se ríen con la honestidad que permite la autorreflexión. Algunos comentan que hubo épocas en las que gastaron el 110 % de lo que ganaron, y tuvieron que recibir ayuda de los amigos, los familiares o los bancos. Otros llegaron a gastar el 200 % hasta que recibieron el aviso de padres o compañeros asustados.

Fui titular de mis dos primeras cátedras enseguida, pero mi renuencia a sentirme seguro (lo opuesto a la locura, el orgullo y la ociosidad) me llevó a ingresar cada año una parte importante de los anualidades de los impuestos diferidos. La clave para hacer más con menos implica no sentirse nunca demasiado seguro.

Hay una diferencia importante entre trabajar con estrés (algo negativo) y trabajar con una preocupación inteligente (un diferenciador de vida). El estado de alerta nos ayuda a permanecer vigilantes, como atletas con buenas marcas iniciales que mejoran a lo largo de los años.

Durante décadas, viendo a otros competidores cansarse de su empresa y venderla, llegué a considerar mi competitividad en un contexto más amplio: todos caminamos por las playas del destino y, a medida que envejecemos, mantener nuestros estilos de vida se convierte en una tarea difícil a causa de muchas olas y agravios. Ésta es una visualización de lo que sentía incluso cuando era joven.

Después de perder a mi padre supe que la vida era algo muy breve. Al observar la economía doméstica de mi madre, decidí comenzar a ahorrar inmediatamente. Esta reluctancia a sentirme seguro es en realidad lo opuesto a la ansiedad. En mi caso, es una postura estoica, un camino de decisión consciente, no un trauma psicológico.

Durante décadas, me sentí más real no sintiéndome seguro, orgulloso, arrogante o un zopenco. Nuestros problemas actuales involucran sistemas de dimensiones mucho más grandes que el yo. Es muy difícil, pero necesario, que los líderes que nos gobiernan impongan la inventiva y la austeridad en todas las naciones. Puedo entender lo fácil que les resulta a los miembros de los gobiernos gastar más cuando la deuda no influye negativamente en su propio bienestar. No obstante, los patrones de gasto personal y del gasto de las naciones o de las corporaciones son, en términos relativos, los mismos. La deuda, o la deuda excesiva, proviene de la misma debilidad en todas las formas de organización humana.

En contraste con el desequilibrio que se produce entre los gastos y las reservas, un día tuve una visión, cuando tenía tan sólo unos 10 años, de una mujer que caminaba sola por la playa con una sombrilla. No conocía a aquella mujer que recibía el embate de las olas y el viento, pero podía relacionarme con ella. Creía que esa imagen representaba el control que yo debía tener sobre mi propio destino, considerando el sol embravecido, las olas incesantes y la sal en mis heridas. Así que decidí construirme un paraguas mental que pudiera servir como un mantra personal (*véase* la Figura 4.1).

Figura 4.1. Mi paraguas mental

En retrospectiva, este mantra del paraguas, por muy simple que sea, me ha ayudado a evitar la resaca de la vida diaria desde entonces. Le doy las gracias a mi madre por proporcionarme esta cosmovisión fundamental sobre la austeridad. Ella supo sobrellevar con mucha dignidad una vida en la pobreza, con un cierto orden y alegría. Ella me ayudó a percibir las conexiones entre la austeridad y la innovación. Ahora me doy cuenta de que las personas que asumen riesgos inteligentes obtienen fácilmente esas conexiones, todas esas cosas bajo el mismo paraguas.

Cuando el dinero produce dinero

Ahora, retomemos el tema de mis ahorros, y esas maravillosas anualidades con impuestos diferidos. Este enfoque te permite ganar en dos frentes: en la reducción de impuestos y el valor compuesto durante décadas. No me refiero a ningún instrumento o tipo de cuenta específico, ya que nadie puede evitar la sabiduría de la diversificación básica. Simplemente hago referencia a los principios fundamentales de Franklin sobre el ahorro. Cuando tenía unos cuarenta y tantos años calculé que ya había logrado la independencia financiera. Hablé con mi esposa sobre ese descubrimiento, evalué las tensiones que se podrían producir si rompía con el mundo académico y me quedaba sin el manto de seguridad que me proporcionaba, y luego me sumergí en la autodeterminación total.

Sigmund Freud señala en *El malestar en la cultura*: «La voz del intelecto es suave, pero después de continuos rechazos será escuchada». Lo que escuché durante aquellos primeros años fue principalmente la voz de mi madre.[6]

He escuchado las burlas que determinadas personas me dirigían durante décadas y me he sentido juzgado en diferentes lugares y momentos de mi vida. Incluso hoy reflexiono sobre todo esto y pienso que he tenido suerte, así como algunas supersticiones acerca de no alterar los poderes del destino con demasiada atención a estas decisiones que he tomado. No quiero parecer sombrío, sino establecer algunos hechos determinantes que hacen que siga escribiendo pues nunca me siento satisfecho con los márgenes de comodidad que me he ganado.

Vale la pena reflexionar sobre cómo la disciplina de administrar la propia vida comienza temprano. A los 10 años, cuando vi a esa mujer en

---

6. Digo todo esto con miedo a parecer engreído, presumido o autocomplaciente. Me doy cuenta de que ese goteo de nombres, tales como Benjamin Franklin y E. F. Schumacher, en referencia a la vida de uno puede ser visto tan cómico por lo sofisticado como tan autoindulgente por lo humilde. Creo, en cambio, que aprendemos a través de la mímesis, de la imitación básica, y por eso es inmensamente importante a quién elegimos imitar.

la playa con aquella sombrilla azotada por el viento, ya sabía algo importante sobre la libertad y el destino.

Entonces ya era consciente de que mi familia no podía proporcionarme un margen de comodidad si yo no me lo ganaba primero. Es fácil pensar en administrar algo con el dinero de otros, pero eso conlleva ciertos riesgos, como el interés bancario o la deuda personal. Desafortunadamente, son pocos los gobiernos que comparten esa desconfianza natural hacia la deuda. Los políticos que manejan las redes de bolsa de los gobiernos, desde América e Inglaterra, hasta Irlanda, Grecia o África y las antiguas regiones soviéticas necesitan una buena reprimenda para que mejoren su comportamiento: si hacen más con menos medios llegarán a alcanzar el éxito.

Tal vez porque tuve la buena fortuna de nacer pobre nunca he querido tener deudas. Celebré en silencio el poder del interés compuesto y el aplazamiento de impuestos para mis primeros seis libros, sin decir ni una palabra a nadie, excepto a mi familia, sobre cómo estaba usando mis propios ahorros para crecer como empresa. Ciertamente no aprendí esto en Cornell, donde la mayoría de mis amigos tenían tarjetas de crédito y funcionaban sin problemas.

Estos ahorros me permitieron dejar el RPI a los 45 años. Ésa fue la segunda vez que abandoné una plaza fija. En ambas ocasiones recordé la inquietud de Franklin al dejar las comodidades de su hogar en Massachusetts por las incertidumbres de Filadelfia y de su imprenta. A los 45 años, hacer más con menos era tanto un hábito para mí como un principio.

Pero ¿por qué me fui del mundo académico?

Franklin había dejado su hogar y su zona de confort en parte por la ira de su hermano. Yo lo hice también en parte porque estaba enfadado con el mundo académico. Quería dejar ese mundo para entrar en otro donde podría hacer más con menos.[7]

---

7. Recientemente, he empezado a describir estos movimientos para marcar el ritmo como si ya no quisiera ser una caja sorpresa. Puedes escuchar las agudas preguntas que me hicieron los periodistas sobre los desafíos a los que me enfrenté en www.davidgibbons.org y en www.SmallBusinessAdvocate.com. Ahí explico la transición que hice al pasar de la seguridad a la innovación empresarial, en una grabación interactiva realizada en varios programas de radio.

Creía que aquellos que a diario se dan de cabezazos contra la evidencia, pero no se van, son los que al final podrían resultar un poco cómicos. Por suerte, mi esposa desde hace más de tres décadas apoyó mi aventura con una fuerza estoica. Además, ahora me doy cuenta de que dejé las comodidades porque quería tener la libertad de ocuparme a tiempo completo de la empresa que había fundado. En los muchos años transcurridos desde que dejé RPI, mi empresa ha aumentado significativamente sus ingresos, reputación y relaciones año tras año.

¿Esto fue debido al trabajo duro o al destino?

Ahora he adquirido una sede para evitar pagar un alquiler. Sigo recortando personal y haciendo que los que formamos la empresa maduremos a medida que crecemos en tareas globales con más impacto y más libertad. Eso es para mí una definición de libertad de trabajo. Según mi opinión, llevar una vida sometida a pruebas semanales, si no constantes, y baños de opinión pública frecuentes es mucho mejor, mucho más satisfactorio que llevar una vida de ocio. Puedes preguntar, entonces, si esta parte del libro se limita a defender el principio de gastar menos. A eso tendría que contestar que no.

Lo que se ha mantenido constante es mi amor por la gente y mi respeto por la austeridad y la ausencia de deudas serias, así como mi percepción de cómo las reglas pueden transformarse en creatividad en tiempos de estrés y escasez. En resumen, la formación de los mejores equipos comienza por la autosuficiencia.

Más allá del síndrome del fundador

Muchas empresas dejan de crecer en su tercera o quinta década, limitadas por las personalidades y preferencias de sus fundadores y amigos. Nosotros también sentimos ese preludio del estancamiento. Para mí, la respuesta residió en descubrir la relación existente entre la libertad y el destino. Uno de mis amigos, Marc Strauss, un hombre de negocios muy exitoso, señala: «Todas las empresas nacen, se desarrollan y envejecen, como la misma vida […] El truco consiste en extender la vida y disfrutar de ella por el hecho de dar». Entre la segunda y la cuarta década de mi empresa, hubo ocasiones en que tuve que amarrar mi destino a las naves de los demás para lograr una adecuada flotabilidad y un sustento apropiado. Tuve que conceder libertades y transformarlas en intensidad de acción grupal.

Así, ahora quiero desviar tu atención de mi vida para centrarla en la de uno de mis mentores, E. F. Schumacher.

La vida en el mundo empresarial suele ser una historia compuesta de múltiples influencias. El trabajo de Schumacher me convenció, en un momento crítico del desarrollo del Grupo AHC, de que podía hacer crecer una empresa sin acumular deudas, a pesar de todo lo que los bancos querían ofrecerme. Y, lo que es más importante, me sugirió, al menos conceptualmente, que el hecho de ser pequeño en tamaño puede permitir que uno sea grande en relación al impacto y al propósito. Esta idea me pareció atractiva en términos de libertad y destino. Así que centré mi ego de riesgo (el ego necesario para fundar una empresa) en la idea de algo pequeño, evitando la necesidad de asumir importantes riesgos financieros.

Quienes han estudiado un MBA comienzan un plan de negocios con un gigantismo debilitante en su núcleo. Schumacher me enseñó cómo basar el uso de la ciencia, la contabilidad, los impuestos, el talento humano y la subcontratación de mi empresa en la austera idea de que las personas son tan importantes como las reglas y los dólares. Manipular las reglas y controlar la deuda puede ser una tarea exigente, mientras que liberar los impulsos austeros y competitivos de nuestros queridos colegas puede ser menos costoso. Una economía basada en las personas permite llevar a cabo esta realineación fundamental del dinero, las personas y las reglas.

Una historia de vida

Cuando E. F. Schumacher visitó el campus de la Universidad de Cornell a finales de la década de 1970, hizo una extraña petición que nunca olvidaré. Quería hablar en la Sage Chapel, el antiguo santuario de ladrillos rojos que se halla en el centro del campus, no lejos de la biblioteca. Por aquel entonces, yo era un estudiante universitario que había encontrado el libro de Schumacher en la biblioteca de la universidad, y no sabía cuán inteligente resultaba elegir aquel entorno en la Sage Chapel. En aquella época, mis compañeros de clase rara vez la frecuentaban, pero a mí me parecía tranquila y con frecuencia estaba vacía, por lo que a menudo leía y estudiaba allí, alejado de las multitudes en la Unión al otro lado de la calle.

Para mi sorpresa, cuando Schumacher comenzó a hablar, Sage estaba llena. Cientos de personas permanecían como hipnotizadas. Salí de allí en aquella fría noche de otoño en Ithaca, Nueva York, sintiéndome cambiado. Casi todo lo que dijo, desde su crítica a las grandes organizaciones hasta su amor por los pobres, me pareció bien. Encontré en él un mentor que mejoró mi práctica.

A la semana siguiente escribí mi primera reseña de uno de sus libros publicados, una ingenua glorificación de *Small Is Beautiful*. Todavía aprecio la gracia y el poder de su mente y el valor duradero de su enfoque de sentido común con respecto a la tecnología, la economía y la ciencia. Releí ese libro después de los terroríficos ataques terroristas del 11 de septiembre en Nueva York y encontré consuelo y visión en esas páginas que el autor había compartido con el mundo por primera vez en 1973.

A lo largo del tiempo, E. F. Schumacher ha influenciado en muchos pragmáticos de la reforma social, desde Amory B. Lovins del Instituto de las Montañas Rocosas hasta aquellos que ahora están desvinculando el consumo energético de la salud de las economías de todo el mundo, desde Turquía hasta el Sudeste Asiático. En los últimos años, reconozco sus huellas en mi comprensión de cómo la invención y la austeridad hacen las paces con el mundo.

Decir la verdad

Schumacher tenía el raro don de contar verdades simples, sin el viento y el humo de la sofisticación o el exceso de profesionalismo. Puedes ver la imaginación redentora de Schumacher trabajando en conceptos tales como productos «diseñados para servir al ser humano» y en las muchas formas de su concepto de «tecnología con rostro humano». Si andas buscando una excelente capacitación en los principios superiores de cómo funcionarán las economías globales, vale la pena que leas su valiente y clarividente reflexión sobre la alineación correcta del dinero, los individuos y las reglas.

Las ideas de Schumacher sobre el mundo moderno son más apropiadas para el siglo XXI que para su propia época. Se adelantó unos sesenta años a su propio tiempo. Él es como un nuevo Benjamin Franklin, aunque sea un clásico ciudadano británico. El siguiente pasaje de uno de sus libros se convirtió en parte de mi declaración de visión original, cuando fundé el Grupo AHC en 1981:

> La estructura de la organización puede ser simbolizada por un hombre que lleva una gran cantidad de globos en la mano. Cada uno de los globos tiene su propia flotabilidad y elevación, y el hombre mismo no las domina por encima de los globos, sino que permanece quieto debajo de ellos, pero sosteniendo todas las cuerdas firmemente en la mano. Cada globo no es sólo una unidad administrativa, sino también una unidad empresarial.

Este fragmento resume la naturaleza de los asociados principales de nuestro grupo, donde los exdirectores ejecutivos de BP America, los abogados ejecutivos de Kimberly-Clark y General Motors, los exjefes de Whirlpool y la mayor firma de energía de Canadá, ahora son todas cuentas de nuestra compañía que trabajan con eficiencia e impacto social. Puedes obtener más información sobre este asombroso conjunto de asociados sénior de mi empresa en www.AHCGroup.com

Un hombre que sostiene globos

He hecho crecer mi empresa haciendo más con menos cada año y teniendo siempre en mente esa imagen del hombre que sostiene los globos. No hace falta que tengamos un enorme edificio para hacer lo que hacemos; estamos muy descentralizados e interconectados entre diferentes países y regiones.

Si miro atrás, me doy cuenta de que yo era una persona competitiva y austera. No quería dejarme seducir por el atractivo del tamaño y la deuda y los mandatos de muchos socios gerentes. Tomé lo mejor de lo mejor, y lo redistribuí.

Tú puedes hacer lo mismo. En el trabajo diario, les debo mucho a mis amigos Franklin y Schumacher. Me han dado mucho por muy poco. Como resultado, nunca he tenido que pagarme un MBA, una licenciatura en Derecho o invertir en mucha publicidad, a pesar de que algunos de los mejores abogados y ejecutivos de negocios del mundo trabajan con nosotros.

El mundo más peligroso de hoy en día

En la actualidad, necesitamos ser más competitivos, no menos, porque nuestro mundo avanza mucho más rápidamente que el mundo de Franklin y es mucho más complejo que el de Schumacher. Sólo tú puede adaptar las herramientas y los principios a las nuevas necesidades sociales de hoy en día.

Nuestras escuelas de negocios, sin embargo, preparan a los estudiantes para ser menos competitivos. He observado que los graduados de las escuelas de negocios, después de tres años de capacitación en un MBA, se convierten en optimizadores de sistemas grandes sin experiencia práctica alguna en la gestión del cambio y del valor social. No se convierten en Pat Mahoneys. Acostumbran a pedir prestado antes de inventar nada. En otras palabras, no son lo suficientemente emprendedores. Pueden hablar de ello, pero no implementarlo. He conocido a algunas personas que al acabar su MBA sabían todavía menos que al graduarse en la escuela de negocios. Estas personas después de licenciarse se endeudan rápidamente.

En muchos sentidos, los futuros automóviles, hogares y ordenadores se diseñarán haciendo más con menos gasolina, menos energía y menos metales (*véase* el capítulo 6). Con estas guías acerca de por qué lo pequeño es hermoso, deberías poder navegar por las rápidas corrientes de la libre elección y el destino con mayor habilidad, y sin deudas que desestabilicen tu economía.

Esta reflexión sobre el trabajo de mi vida me ha proporcionado una razón para repensar el significado imparable de la austeridad para el mañana. El enfoque que defiendo es positivo para tu estilo de vida, tu creación de riqueza y el bien en general de nuestra sociedad global.

Si bien Franklin y Schumacher pueden ayudar a encuadrar la base de tu pensamiento futuro, aún debes aportar un nuevo valor. Esto no es ciencia de salón, sino una nueva forma de riqueza.

Relatar diferentes vidas

La identidad humana es la síntesis de muchas experiencias buenas y malas. Creo que la identidad humana es mejor y más productiva cuando se deriva de muchas fuentes que entran en competencia. He argumentado que lo mismo vale para la productividad y el equilibrio en una empresa. Si todos los que conforman tu compañía son abogados, tu empresa no tendrá inventiva. Si todos son gestores de riesgos, no entenderán los beneficios del riesgo. Y si alguno sabe cómo diseñar un producto, pero no cómo venderlo, tu empresa estará condenada al fracaso.

Son demasiadas las fuerzas que buscan una mentalidad similar en una compañía, lo que con el tiempo acaba pesando sobre la empresa y produciendo lo que yo llamo «máquinas MBA». Muchos de los MBA que he conocido, o que han solicitado trabajar en el Grupo AHC, se equivocan al pensar en mi empresa como si fuera un yate, destinado a ir cada vez más rápido y más lejos si logramos deshacernos de algunos bienes o nos hacemos con una tripulación más inteligente.

¡Esto es del todo absurdo si se compara con el papel de la austeridad y la deliberada pequeñez de mi barco! Una compañía integrada por personas no es una máquina. Por el contrario, a menudo busco más globos figurativos, tipos más socialmente receptivos e innovadores, y luego mido su flotabilidad dentro de nuestro grupo casi semanalmente; cambio de equipo según sea necesario para poder ascender en los picos y ofrecer libertades que son poco frecuentes en las empresas competidoras que constituyen mis puntos de referencia. Las compañías exitosas encuentran valores en el liderazgo ingrávido que las impulsa hacia un futuro cercano; la reducción de costos y de personal son una solución demasiado mecánica como para ser efectiva a lo largo del tiempo.

Este enfoque simplificado de la cartera de valores del Grupo AHC ha significado mucho para mí. Ahora veo que esta simplificación puede volverse más común con el tiempo. El hecho de poner todos los huevos en la cesta de una sola empresa ya no es prudente.

Mi empresa es una síntesis de Franklin, Schumacher y muchos otros. Lo que importa al final son los principios dignos de compartir, como se señala en www.AHCGroup.com

Los conceptos defendidos en este libro que más prevalecerán tienen más que ver con tus hábitos y creencias que con los míos. No espero que leas los libros que he leído, ni espero que hagas las cosas que han tenido valor para mí. Pero sí deseo que unos y otras te muevan a la acción. Triunfarás cuando elijas permanecer en el juego para el futuro sin perder tu sentido de la humanidad. Terminamos este capítulo sobre la libertad y el destino con una pregunta difícil: ¿Cómo contribuirás con tu vida a la próxima era dorada?

Guerra y deseo, libertad y paz

Y ahora, para concluir, aquí está mi breve reflexión sobre la guerra y la paz.

Puede que todos recuerden que Benjamin Franklin estuvo involucrado en una de las guerras más fatídicas: la Guerra de la Independencia. También puede que se recuerde que E. F. Schumacher dirigió la British Coal Board durante la Segunda Guerra Mundial. Así que mis mentores, y de hecho mi propio padre, conocían los métodos militares. Mi madre solía bromear con que yo me convertiría en el trabajador de una fábrica, como ella, o en un soldado.

Yo entablé mi guerra fue contra la vida misma y contra lo fácil que resulta desperdiciarla. Creo que cuando logramos saltar los muros del destino elegimos nuestro camino conscientemente, ya sea con la actitud del soldado o en con la de alguien que quiere crear algún valor social. Casi todo el lenguaje empresarial se refiere al mundo de los negocios como a la guerra, lo que es realmente una metáfora incorrecta. Apliquemos este pensamiento al panorama político de hoy en día.

Los alzamientos de hoy y mañana

La gran inquietud en el mundo árabe puede parecer un fenómeno singular, una ola histórica que rompe en la orilla y luego retrocede, pero plantea la cuestión de si podemos evitar el destino de la guerra abordando la maraña de la necesidad social. Con la tierra albergando a siete mil millones de personas, sería ingenuo descuidar una realidad del siglo XXI: la lucha humana por la libertad, los alimentos y la energía se intensificará a escala global durante las próximas décadas. Mientras escribo este libro, se producen disturbios por el aumento de los precios de los alimentos, y el resurgimiento de la inflación de precios de este año en las estaciones de servicio y en las tiendas de comestibles indica que se sucederán los problemas. En resumen, vivimos en un invernadero global rodeado de las rápidas y conflictivas fuerzas del mercado.

Por lo general, en Occidente solemos responder a las necesidades de las poblaciones utilizando siempre más: más maíz por acre, más grandes superficies comerciales (y tiendas de comestibles increíblemente grandes), más riqueza personal y corporativa, y más de todo. La historia sugiere que esto funciona, hasta que deja de hacerlo. Con la guerra ocurre lo mismo.

Y hoy está claro que las características de las obras de Franklin y Schumacher que fueron más fácilmente olvidadas tienen que ver con ser diplomático, en lugar de guerrero. El ingenio y la sabiduría de Franklin sobre la autodeterminación y la austeridad competitiva son mucho más que temas de conversación sobre la autoayuda. Su apreciación de cómo los cambios históricos provocaron la guerra que lo separó de su hijo y su esposa son bien estudiados y vale la pena recordarlos, pero a menudo se suelen olvidar. Además, la decisión de Schumacher de pasar los años posteriores a la Segunda Guerra Mundial hablando sobre cómo guiar a aquellos que estaban perplejos a causa de la guerra merece nuestra atención, en un momento en el que se espera que Estados Unidos vigile al resto del mundo, que se encuentra en un estado de gran confusión.

En este punto de la historia de la humanidad, la única guerra mundial contra la que deberíamos luchar es la de atemperar nuestra excesiva competitividad.

Para resumir nuestro argumento sobre esta cuestión, debemos ser más competitivos que en el pasado, pero sólo en términos de inventiva. Debemos eliminar el tipo de competitividad que prospera haciendo enemigos.

¿Qué quiero decir con esto?

Primero, es más difícil desarrollar una identidad estable a través de la paz que desarrollar una basada en el miedo, en los prejuicios y en la creación de un enemigo. Puedes ver la guerra contra el terror a través de estos ojos, es algo que está bien establecido. Entramos en el juego con la intención de derrotar a nuestros oponentes como si fueran enemigos reales. Participamos en debates televisivos sobre intereses nacionales como si las guerras fueran la única opción. Trabajamos en nuestras empresas esperando eliminar la competencia. El instinto es primordial. La fuerza de la diplomática es el único equilibrio del que disponemos para el tipo de hábitos competitivos que dicen «estás conmigo o contra mí».

Permíteme abordar esto primero a través de historias de mi propia vida, mi determinación para acabar con aspectos beligerantes de mí mismo, mi familia y mi vecindario. Y esto no es circunstancial. Creo que la guerra en el hogar está siempre presente y es casi irreprimible. En el mundo más grande de la escasez, surgirán muchas facciones en guerra. Y numerosas familias son destruidas por este tipo de guerra. Basta con que abras cualquier número de la revista *Worth* para leer historias sobre las batallas provocadas por la venta de inmuebles y las herencias de hoy en día. Además, en cualquier disputa, pensar en uno mismo como en el que tiene la razón, el elegido, el favorecido, es una característica muy humana.

Durante mi infancia, descubrí que el truco para escapar de la cautividad de la caja sorpresa es aprender a hacer las paces primero con las pocas opciones con las que cuentas. Esto me permitió conservar más, gastar menos y luchar por el siguiente día. Puedes conectar esta línea de razonamiento motivado para competir en la austeridad, ya que desperdicias menos para no luchar. Esto, de hecho, es un principio social superior. Thomas Jefferson lo llamó «comercio para la paz».

Los expertos en inteligencia emocional (IE) hablan de su lado positivo. Esta visión resulta más valiosa en la mayoría de las sociedades que el coeficiente intelectual, la herencia o las ventajas económicas. El celo de la IE, su autodeterminación y persistencia, supera las desventajas iniciales y las circunstancias sociales. Sí, la verdad es que esto es muy importante. La historia humana es la historia del imparable crecimiento gracias a las continuas aventuras, no sólo a las crecientes ventajas materiales.

Los grandes libros de historia cultural y económica, como *Armas, gérmenes y acero: breve historia de la humanidad en los últimos trece mil años*, el éxito de ventas del premio Pulitzer Jared Diamond, no prestan atención a los individuos y a los pequeños equipos que dan forma a las culturas y a la historia. Un historiador cultural como Diamond tiende a centrarse en las ventajas de las materias primas y los recursos a expensas del impacto individual en la historia. El influjo de la moderación es difícil de medir, pero a menudo no tiene precio. Piensa en Juana de Arco. Además, los líderes sociales y ejecutivos individuales aprovechan el día, y esta cultura del éxito personal a través de la austeridad grupal parece aún más abundante en este siglo que en el pasado.

Por lo tanto, debemos pensar en nuestro impacto social con inteligencia emocional, así como en los calculados riesgos empresariales basados en el equipo. La IE no logra nada a menos que entre en acción. Esto me lleva a pensar en un hecho social más grande y más elevado: la búsqueda de la austeridad puede ser la forma más eficaz de ofensiva humana, ya que conlleva a la acción tanto en los corredores de larga distancia como en los santos. Estas personas son constructivas, no destructivas. ¿Por qué hemos olvidado estos principios en la guerra moderna?

Cualquier persona que sea competitiva conoce desde el principio la fuerza de la necesidad primordial de luchar o huir que reside en el hombre. Todos los competidores liberan este impulso y celo internos, pero algunos lo convierten en arte, no en guerra. También hay quien lo invierte en resultados, no en desolación.

El valor en la restricción estoica

La historia de mi vida implica haber tomado y seguir tomando decisiones conscientemente para reprimir el deseo de escalar la cima de la competencia que conduce hacia la guerra en mis empresas y en mí mismo. En consecuencia, ahora persigo conscientemente un camino alternativo, más suave, que deberá ser el camino de nuestro futuro.

Ahora veo más claramente que nunca que mis padres sustitutos, Franklin y Schumacher, me sugirieron una nueva forma de competitividad. Ésta se basaba en un enfoque, mitad masculino y tal vez mitad femenino, que permitía sentir la emoción de la aventura, pero no la toma del botín en la guerra. Encontré placentera esta nueva forma de aventura porque era principalmente interna, dirigida hacia la austeridad, la independencia, la creatividad y la paz interior, más que hacia fuera, hacia la conquista. Mis amigos del Departamento de Defensa, o mis clientes, probablemente estén pensando en este momento: «Para ti es fácil decirlo, Bruce». Pero en realidad esta última parte de mi historia no fue nada fácil.

En una época de globalización emergente, es mucho menos difícil competir en términos de nacionalismo y es mucho más fácil tomar partido que resolver asuntos de capital social. De hecho, no es fácil llegar a una resolución pacífica. Cuando tienes un problema empresarial, resulta mucho más sencillo sacar las armas más grandes, al lobby en pleno, a las compañías de relaciones públicas y al grupo comercial que reelaborar el producto en cuestión o la estrategia.

Con siete mil millones de ciudadanos en el planeta necesitamos una era dorada de innovación y paz porque no podemos permitirnos entablar más guerras.

No pretendo que evitemos todas las guerras; ni fantaseo con que podamos moderar la violencia patriótica. Lo que estoy diciendo es que ahora existe un conjunto mayor de necesidades que requieren asimismo un conjunto diferente de habilidades de liderazgo, similares a las defendidas por primera vez por Benjamin Franklin y E. F. Schumacher después de sus experiencias en la guerra.

La guerra puede conducir a ciertos tipos de innovación técnica, desde el empleo de la óptica nocturna gracias al titanio hasta las formas extremas de tecnología de la información que ahora se utilizan en los drones para llevar a cabo la guerra a distancia. Este tipo de innovación es bien conocido en las industrias médica y aeroespacial. Aunque menos conocida por la mayoría de las personas, la innovación técnica como resultado de la guerra también se ha extendido a las industrias de productos químicos, petróleo y gas, transporte y autofabricación.

Espero que quien pueda construir bombarderos invisibles también pueda hacer un uso más sostenible del agua, el petróleo, los plásticos y los productos farmacéuticos. Simplemente debes elegir darle a la aventura una dirección diferente. La próxima Edad de Oro será más un viaje interior que las grandes aventuras de los últimos tres siglos. Ahora es el tiempo del crecimiento interior.

En mi propia historia personal surge la idea del capitalismo de respuesta social (*véase* el capítulo 5 para obtener más detalles). Entre mis conceptos de respuesta social, el capitalismo es una noción que conlleva más paz, más prosperidad sostenida y la aventura de la satisfacción interna.

Colofón

He empezado este capítulo afirmando que el crecimiento personal se olvida con demasiada frecuencia como una característica del estrés postraumático. En este sentido, considero que la capacidad de controlar los impulsos violentos o agresivos dentro de mí aumenta con la edad, la experiencia y la reflexión. Con el tiempo, ¿esto será también posible con cada vez más consumidores satisfechos?

América emergió el siglo pasado como una nación excepcional. En Europa, y en gran parte de Asia, se tuvo la sensación durante siglos de que detrás de cada hijo estaba su padre. Cuando surgió el primer Adams, comenzamos a decir que cada padre tenía hijos e hijas capaces de labrarse un futuro más brillante. Hoy, muchos se preguntan si estamos volviendo a caer en un país más estancado, menos abierto, de expectativas y herencias rechazadas. Es poco probable. Todo el razonamiento motivado que hay detrás de hacer más con menos es cuestionar la inevitabilidad del rechazo.

Puedes obtener beneficios a través de la austeridad y la innovación, pero se necesita una nueva visión del mundo para alcanzar la Edad de Oro que buscamos. Una vez nos convertimos realmente en ciudadanos del mundo, la obligación de ser diplomáticos e inventivos se convierte en suprema.

Ahora tengo amigos en Estambul que piensan de esta manera para competir por la sostenibilidad. Tengo amigos en Canadá, Costa Rica, Japón y Corea del Sur que desean hacer más con menos. Puede que no viva lo suficiente para saber, con seguridad, si ésta es una tendencia duradera o tan sólo una fantasía. La historia de mi vida hasta el momento, apoyada por la riqueza de muchos estantes repletos de buenas lecturas, sugiere que el fenómeno de una Edad de Oro ha ocurrido antes y volverá a suceder.

La diferencia es que ahora la gran aventura proviene de la búsqueda de la austeridad y la diplomacia en lugar de la conquista y la guerra.

PARTE III

Cerca del futuro

Este mundo no es conclusión.
Otra especie existe más allá
invisible, como la música,
pero positiva como el sonido.
EMILY DICKINSON

Capítulo 5

Un usuario en la ciudad: el capitalismo es donde vivimos

Cuando compres una cosa buena, debes comprar diez más, para que tu apariencia sea de una sola pieza; pero el pobre Dick dice: «Es más fácil suprimir el primer deseo que satisfacer todo los que le siguen». Y es una verdadera locura para los pobres imitar a los ricos, como lo es el hecho de que la rana deba hincharse para igualar al buey.

Benjamin Franklin, *El camino hacia la riqueza*

Una encuesta realizada en las principales megaciudades del mundo, desde Atenas a París y desde Estambul a Tokio, demuestra la necesidad de que surjan nuevas formas de liderazgo en un mundo limitado por los combustibles fósiles, el capital y la naturaleza misma del capitalismo. A medida que el nivel de las aguas se eleva cerca de Manhattan y de nuestras más antiguas megaciudades costeras, deben surgir y prosperar nuevas formas de competencia. Debemos humanizar más y agitar menos a medida que nos acercamos a nuestro futuro compartido. La familia formada por los seres humanos lo requiere.

Mirar hacia atrás y hacia adelante

Cuando cumplí 40 años, decidí adoptar una actitud, que podría llamarse casi *whitmanesca*, muy abierta y amante de las diversiones en lo que respecta a los viajes de negocios. Los viajes globales se habían vuelto tan complicados, tan difíciles y agobiantes, principalmente debido a los controles que hemos establecido para disuadir a los terroristas, que tuve que recurrir a toda mi paciencia y agregar un día adicional para visitar las ciudades antes y después de trabajar en ellas. Este apartado surgió de esos días ociosos durante los viajes. Me convertí en un hombre ocioso en las grandes ciudades.

En las últimas dos décadas, he visitado un tercio de las principales cien megaciudades de este mundo. Cada una de ellas me proporcionaba una sensación maravillosamente diferente, cada una tenía una personalidad inherente: algunas eran cálidas y emocionantes; otras, inquietantes y sofocantes. Sin embargo, muchas también comparten algunos rasgos comunes, el primero es que nunca dejan de crecer. Franklin solía advertir a las personas para que controlaran sus deseos, pero rara vez regañaba a las ciudades por su crecimiento. Ésta es una reflexión importante a tener en cuenta en términos de nuestro futuro próximo compartido.

En segundo lugar, estas ciudades están siendo moldeadas por un conjunto de rápidas fuerzas sociales y corporativas en formas distintas que a menudo se pasan por alto o simplemente se ignoran. Esto nos da la oportunidad de volver a probar los principios fundamentales de gestión y autodescubrimiento examinados en este libro.

Considera por qué ciudades como Atenas, París y Londres resultan tan atractivas, mientras que Estambul y Tokio parecen tan grandes y opresivamente abrumadoras. ¿Qué desafía a los individuos en la gran expansión de la pobreza conocida como Shanghái, São Paulo y Bombay? ¿Qué fuerzas invisibles controlan y reforman estas ciudades: gobiernos locales o federales, organizaciones no gubernamentales bien financiadas, la Fundación Gates o la prensa mundial? ¿Qué aporta el motor de su crecimiento sostenido? Los patrones clave son claros, si reduces el ritmo de tu viaje.

No pretendo ser capaz de responder a todas estas preguntas. Más bien, el presente capítulo tiene como objetivo iniciar el debate a partir de tus propios viajes, de las notas que tomas para ti en tus viajes por el mundo. Como dice Emily Dickinson: «Este mundo no es conclusión otra especie existe más allá/invisible, como la música, /pero positiva como el sonido.

En este capítulo ofrezco un conjunto de observaciones de un viajero sobre la creciente relación entre las ciudades y el capitalismo. Al hacerlo, te cuestiono si estas conexiones concuerdan con tu experiencia vivida en las ciudades, así como tu idea de las cosas por venir.

A pesar de lo que los recientes levantamientos en Oriente Medio nos deparen y lo que podamos esperar de nuestras inversiones en las naciones en rápido desarrollo como China, Brasil y los cuatro tigres asiáticos,[8] podemos estar seguros de que los cambios urbanos traerán en el futuro próximo más capitalismo en lugar de menos. La Figura 5.1 muestra la megatendencia en las megaciudades de una forma muy resumida.

Después de visualizar las tendencias generales en estas megaciudades, es posible que intuyas una modesta sugerencia de que este nuevo siglo será diferente, y más afortunado, de lo que nadie podría suponer. En resumen, puedes esperar ver los signos de una Edad de Oro más austera que toma forma en ciudades cercanas y lejanas. Nunca antes ha sido posible esta combinación de competitividad global y austeridad urbana.

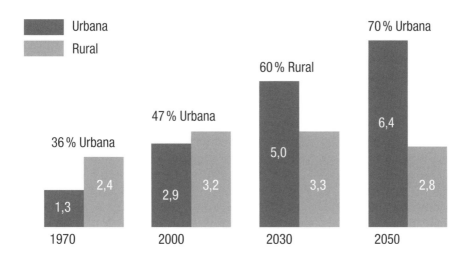

Figura 5.1. La megatendencia

8. Corea del Sur, Hong Kong, Singapur y Taiwán. *(N. del T.)*

Además del optimismo informado que el capitalismo aporta a la mayoría de las ciudades, percibo nuevas arquitecturas en el futuro cercano. En este capítulo, exploraremos cómo las ciudades son más eficaces que los deportes y la mayoría de los equipos de la alta gerencia a la hora de identificar a los zopencos. Las ciudades son rigurosas e implacables en este aspecto.

Ya estés buscando un lugar para aparcar tu coche o mirando tu cartera, la vida urbana, aunque es mucho más tolerante con las diversas ideas y enfoques en general que la vida rural, obliga a las personas a ser más austeras, inventivas y diplomáticas para sobrevivir. Claro, la vida urbana también permite un exceso abundante y un exhibicionismo del consumo. Pero estoy escribiendo sobre la tendencia actual, no sobre los escasos agravantes.

Es probable que sepas por propia experiencia lo fácil que es gastar unos cuantos billetes grandes con sólo pasar dos días en Manhattan, a menos que decidas guardar con celo tus Benjamin Franklin.[9] He oído a consumidores informados alertar a sus hijos de que en Nueva York cien dólares son en realidad cincuenta; por no hablar de Tokio o de los barrios ultrarricos de las megaciudades latinas. Estos escenarios y estas tendencias incorporan los nuevos principios que predico para la administración en el trabajo. Hacer más con menos es el éxito en la megaciudad de hoy.

Sorpresa, sorpresa: soluciones de austeridad competitiva

Las grandes y duraderas megaciudades, como Atenas, París, Nueva York, Londres, Sídney y Calgary, han evolucionado a través de la implacable competencia por la mayor eficiencia en el trabajo, en los recursos y en el capital que se materializan en el capitalismo global. No estoy afirmando que estas eficiencias conduzcan al paraíso, a ciudadanos más inteligentes

---

9. Billetes de 100 dólares norteamericanos. *(N. del T.)*

o a una mejor política para nuestro futuro próximo. Sólo estoy observando un hecho importante sobre cómo se produce la eficiencia.

Estas ciudades se mantienen abiertas al cambio innovador, a la diversidad personal y a las aportaciones de los expertos. Compiten en el límite, un lugar donde la demanda de calidad, precio, estilo y respuesta social se unen. Aspiran a albergar los Juegos Olímpicos, así como festivales musicales o campeonatos de atletismo. Uno puede encontrarlas en el mapa de los grandes tours de rock and roll. Y lo más importante, en todas abunda la lógica del capitalismo avanzado, desde el mundo de las múltiples velocidades de Asia (Singapur o las nuevas ciudades costeras de China) hasta las economías maduras de Europa y Norteamérica. Es evidente que lo competitivo y lo austero prosperan en todas ellas.

Por supuesto, ninguna ciudad es perfecta.

No ha pasado mucho tiempo desde que los suburbios de París estallaron en disturbios. Londres está haciendo la vida imposible a sus ciudadanos a causa del tráfico y los borrachos callejeros. Sólo la ciudad de Atenas alberga a la mitad de la población de las 6.000 islas griegas, y mi traductor del griego me hablaba de los asfixiantes atascos diarios. Pero, en general, las grandes ciudades han abrazado la globalización de una manera más inteligente que el resto. Se están volviendo globales y más verdes al mismo tiempo.

Esta inteligencia colectiva sobre la competencia leal parece estar basada en la historia de las poblaciones más que en las creencias religiosas o culturales, más en hechos físicos que en cualquier otra cosa. Las principales megaciudades, por ejemplo, muestran una gran variedad de culturas y tradiciones religiosas que responden a la presión de las poblaciones en rápido crecimiento. Piensa en cualquier megaciudad de la India o del Sudeste Asiático, y verás la enorme gama de diferencias que coexisten entre el capitalismo y las creencias.

En contraste, con respecto a las megaciudades que están sufriendo, me sorprende ahora que la inteligencia grupal sobre la necesidad de hacer más con menos esté siendo reprimida por unos pocos que detentan el poder, con una intención reaccionaria. Me sorprende que quienes tienen intenciones reaccionarias no se enfrenten a estos hechos dominantes; en cambio, se sienten muy amenazados por los desafíos que implica la sostenibilidad. Al final, las inevitables presiones sobre las megaciudades provocarán un cambio. Piensa en Libia y en las grandes ciudades egipcias prerrevolucionarias, como El Cairo, donde unos cientos de familias poseían la gran mayoría de los alimentos, los inmuebles, las tierras y los recursos educativos. Allí, la inteligencia grupal para la austeridad fue reprimida durante décadas, hasta los recientes levantamientos. En marcado contraste, la Figura 5.2 muestra la competencia dentro de los gigantes petroleros, donde los estados-nación y las multinacionales controlan continuamente a los débiles y prosperan de una forma increíble siendo competitivos.

La austeridad competitiva amenaza con cambiar estos regímenes represivos. Mira cuán rápidamente esta competitividad global, lo que llamé la *Frontera S* en mi libro *World Inc.* (www.WorldIncBook.com), ha cambiado las estructuras de propiedad de los gigantes petroleros, por ejemplo. Puedo asegurar que estos números relativos serán muy diferentes en cuestión de años, no de siglos, como suele ser el caso cuando las naciones cambian su orientación básica. Por eso creo que el capitalismo de respuesta social está incrustado en una frontera S rápida y compleja.

Compañía petrolera anglopersa	Ahora llamada BP
Royal Dutch Shell	Operada por la marca Shell
Standard Oil of California	Ahora llamada Chevron
Standard Oil of New Jersey	Ahora llamada Exxon; adquirió Mobil para convertirse en ExxonMobil
Standard Oil Company of New York	Se convirtió en Mobil; después adquirida por Exxon
Gulf Oil	Adquirida por Chevron
Texaco	Adquirida por Chevron

Figura 5.2. Las Siete Hermanas y sus destinos

Predigo que con el tiempo los historiadores establecerán que estos cambios estructurales en los sistemas económicos serán el comienzo de las reglas de una Era Dorada. Nadie es lo suficientemente experto como para afirmar que ya conoce estas nuevas reglas de la globalización. Pero la tendencia es clara. En general, la volatilidad de los precios de la energía y los diseños urbanos favorece, en los miles de millones de decisiones requeridas cada semana, un mundo lleno de personas más austeras, inventivas, inclusivas y diplomáticas.

Otra manera de expresar esto mismo: observa cómo las grandes concentraciones de personas comparten reglas cada vez más flexibles a medida que las políticas capitalistas abren fronteras, lo que les permite ganar dinero cerca unas de otras a pesar de sus grandes diferencias.

Si el capitalismo continúa desarraigando los regímenes represivos restantes, como en las últimas cuatro-seis décadas (y especialmente durante los levantamientos árabes de 2011), se podría evolucionar hacia un mundo más compasivo. Ahora puedes encontrar estos pensamientos no sólo entre los progresistas sociales como George Soros, sino también entre los académicos de la Fundación Heritage.

Es ingenuo sugerir que el ascenso de la respuesta social al capitalismo tomará un camino lineal simple. Violentas batallas se desarrollarán de región a región, y los tiranos serán derrotados en ciertas zonas geográficas (hoy son testigo de ello las principales ciudades del norte de África, desde Trípoli hasta El Cairo). Sin embargo, creo que muchos de los que queden en pie, en las próximas décadas, exhibirán los principios, las conductas y las políticas autodeterminadas y de gestión que se describen en este libro.

Haz una pausa y contempla esta nueva apertura global: reside en una mejor alineación del dinero, las personas y las reglas. Creo que esta nueva apertura ha sido provocada por la concentración de personas en un vecindario más grande, y que este proceso requiere de competencias nuevas y más austeras. No estoy diciendo que podamos acabar con los Walden Ponds del mundo, porque todos necesitamos nuestros santuarios. Tampoco sostengo que las personas que nadan en la abundancia hayan dejado de dominar al resto por completo. Simplemente digo que los principios de este libro apoyan e informan las tendencias de urbanización existentes inherentes al capitalismo de respuesta social.

Megacompañías que esculpen megaciudades

¿Cómo estas grandes megaciudades y las megacompañías que albergan (empresas como Hewlett-Packard [HP], General Electric [GE], Exxon Mobil, Shell y Google) abordarán nuestras necesidades urbanas mientras todas las regiones del mundo deben hacer frente a importantes restricciones de combustibles fósiles y capital? ¿Están movilizando estos lugares una respuesta a la pobreza y a la enfermedad, al hacinamiento y a la movilidad? ¿Están reequilibrando las necesidades de la humanidad con dinero, personas y reglas?

Lo mejor que pueden hacer estas megaciudades es utilizar más el transporte público y aprender a hacer más con menos. Se están preparando para un mundo superpoblado, con restricciones de capital y de combustibles fósiles.

Aquellos que son conscientes de la amenaza del aumento del nivel de las aguas causado por el exceso de uso de los combustibles fósiles en nuestra atmósfera ya han comenzado a desarrollar proyectos de mitigación del cambio climático. El nuevo sistema de control de agua de quince mil millones de dólares y de casi cuatrocientos kilómetros que rodea a Nueva Orleans es un proyecto de mitigación de los efectos negativos del cambio climático. Planes similares están en marcha en Venecia. Firmas como Architecture, Engineering, Consulting, Operations, and Maintenance (AECOM), CH2MHill y Arcadis, todas ellas grandes corporaciones de ingeniería que operan en todo el mundo, han ganado miles de millones en esas ciudades a través de la austeridad competitiva que se beneficia de hacer más con menos.

Éstas son las buenas noticias. Desde la Segunda Guerra Mundial, el cambio hacia la austeridad a menudo ha ocurrido fuera de la política federal. La carrera por la austeridad no se ve restringida por los límites de los estados-nación. Es una fuerza derivada de la liberalización inherente a la tecnología y a la apertura de los mercados globales característicos de nuestro tiempo.

He llegado a ver estos cambios como basados en los hechos más elevados de la historia. Una vez que comprendas el concepto de la austeridad, no sólo como una virtud personal sino también como algo esencial en un mundo que alberga a más de siete mil millones de almas, entenderás lo que quiero decir.

Predigo que para 2025 se producirá un gran reequilibrio en la mayoría de las megaciudades. La producción total de petróleo, por ejemplo, ha disminuido un 4,5 % anual en los últimos tres años. Ésta es la fuerza principal que requiere el reequilibrio, pero también hay muchos otros factores sociales, incluido el crecimiento de la población. Como resultado de elementos estresantes en la historia social, la búsqueda de fuentes no convencionales de petróleo y gas, así como las arenas petrolíferas de Canadá y el *fracking* de gas natural en muchas naciones, se están desarrollando rápidamente en muchas regiones del mundo.

¿Qué vamos a hacer con todo esto, en relación con el destino de los individuos y nuestras grandes ciudades, que dependen tanto de los automóviles, del petróleo y de la informática?

Mi empresa tiene varios clientes que trabajan para asegurarse de que las compañías que producen las nuevas formas de energía compartan un código de buenas prácticas socialmente aceptables. Mis clientes se mueven en torno a los principios fundamentales establecidos en este libro, y pueden ver cómo se relacionan la austeridad, la innovación y la diplomacia.

Como resultado de estos desarrollos, hay que esperar que un conjunto de códigos establecidos y transparentes de comportamiento industrial surja rápidamente en las megaciudades que muestren altas tasas de crecimiento de población. Éste es el camino hacia nuestro futuro. La necesidad de energía, alimentos y refugio redefinirá las reglas para encuadrarlas más rápidamente en el arte de la austeridad competitiva.

Al cuestionarnos sobre el gran retraso en las políticas nacionales y estatales podemos hacer la pregunta sobre la sostenibilidad a la inversa:

«¿Las seiscientas compañías más grandes del mundo ubican sus productos y su talento en el centro de estas megaciudades?». La respuesta es un rotundo no.

Aunque los motivos de estos gigantes son complejos y arduos, su comportamiento social tiene consecuencias visibles. Compran espacio en los suburbios de Naperville, en lugar de en el centro de Chicago. HP se encuentra en las afueras del aeropuerto de Heathrow, no en el centro de Londres. Encontrarás la empresa de fertilizantes más grande del mundo, Agrium, más allá de los límites del centro de Calgary, cerca de un supermercado y un cine en un barrio residencial. Muchas de estas potencias son clientes de mi empresa, por lo que puedo visitar sus oficinas y hacer viajes de cuarenta a ochenta minutos desde el aeropuerto. Su ubicación responde a la lógica del capitalista.

El patrón es ahora casi un hecho común entre las seiscientas organizaciones más grandes que rastrea mi firma. Los gigantes corporativos, desde Toyota, Google y HP hasta Exxon Mobil, Shell y Walmart, saben cómo elegir ubicaciones más baratas, más austeras y mejores, extendiendo el centro de la ciudad a una megaciudad y atrayendo talento, recursos e innovación tras ellos. Muchas personas se han preguntado si esto es un bien neto. Yo me pregunto: ¿cómo podemos llamar a esto si no como a la lógica implacable del capitalismo de respuesta social? (Una vez más, visita www.WorldIncBook.com para obtener una explicación completa de este conjunto de desarrollos, o SRC).[10]

Creo que los cambios de este nuevo siglo se reducen a dos aspectos relacionados: la globalización de bienes y servicios más eficientes y nuestras demandas de sostenibilidad compartidas. Consideras ambas cosas cuando ves nuestras necesidades en términos de alimentos, transporte y viviendas en un mundo más pequeño, y no se puede tener unas sin las otras. Necesitamos tanto la sostenibilidad como la globalización basada en las personas. Conseguir lo mejor de ambos ámbitos reside en la competencia y la austeridad.

---

10. *Social response capitalism*, en su sigla en inglés. *(N. del T.)*

Esto es lo que William Throop, el rector del Green Mountain College, quiso decir cuando dijo: «El beneficio global de la austeridad es que traslada nuestro énfasis del capital financiero al capital social». Afinó aún más su afirmación al observar cómo la austeridad se instaura en la ciudad y en el comercio como «un medio rico para amortiguar el individualismo mediante la construcción y el mantenimiento de redes sociales sólidas». Esto se ve en los clubes de jazz de cualquier megaciudad, en las escuelas, incluso en los Starbucks. Los humanos, cuando están rodeados por muchos otros humanos, se ponen alerta ante las redes sociales y el capital social. Las economías basadas en este tipo de intercambio son muy diferentes a las que se basan en la agricultura.

Aunque muchos críticos lamentan este desarrollo cultural, yo lo veo como el cielo azul de la esperanza y el ingenio en medio de las nubes de la expansión. Por supuesto, yo también odio los residuos inherentes al desarrollo urbanístico a los lados de las vías de comunicación terrestre. Por citar nuevamente a Throop, «la verdadera dimensión social al competir por la sostenibilidad es que le da al mundo una disposición para resolver problemas». Este tipo de encuentro urbano ayuda a los humanos a aprender cómo desarrollar la capacidad para extraer recursos del grupo y lograr la sabiduría de los equipos.

Puedes cuestionar si el resultado es bueno, o si es bueno aunque no sea el esperado, pero realmente no puedes cuestionarte por qué las poblaciones en aumento y la carrera corporativa hacia la eficiencia encajan en las megaciudades como un guante. Tal vez sea mejor pensar en ellas como hermanas activas y comprometidas.

Hay algo increíblemente rápido y sorprendente en la consolidación global: las cosas crecen exponencialmente de la noche a la mañana. Cada semana, una gran empresa se fusiona con otra, una ciudad se une con su vecina. Aunque vemos que esto sucede todo el tiempo, no sabemos exactamente lo que significa.

Una vez compartí un corto viaje en ascensor en Washington D. C. con un senador de un estado petrolero. Él hizo que su asistente presionara el botón de «Stop» para que pudiéramos continuar nuestra rápida conversación un poco más. Mientras discutíamos sobre esa tendencia global hacia la consolidación, dijo: «Ciertamente, las Siete Hermanas, las mayores petroleras del mundo, deben estar haciendo algo bien para ser tan grandes. No puede ser tan sólo su amor por la deuda, su fe en las tecnologías complejas y su sed de expandirse por el mundo. Deben de estar haciendo algo bien, ¿no crees?». (*Véase* la Figura 5.2).

Como ambos sabíamos hasta qué punto su poder y su alcance habían sido financiados por la energía y las infraestructuras, abrimos las puertas del ascensor en un estado de educado desacuerdo. Sin embargo, su fuerza me abrió los ojos con respecto a la competencia entre gigantes.

He estado reflexionando sobre esta cuestión durante quince años, ya que visité la mayoría de estos gigantes petroleros. De esos siete originales, sólo quedan cuatro. Mi firma ha trabajado para tres de estos principales cuatro gigantes durante la última década, semana tras semana. Sin embargo, en general, sigo preguntándome: ¿es la rápida expansión de empresas el resultado de hacer las cosas bien? ¿Y qué significa exactamente lo que el senador entendía por *bien*? ¿Es correcto en términos de dinero o privilegios de las personas? ¿O significa que tiene razón en cuanto a las reglas de la competencia leal?

Todavía no puedo responder a estas importantes preguntas sobre la equidad. Sin embargo, creo que comprenderás que hay algo correcto en la relación mano-guante que ha surgido entre la mayoría de las megaciudades y el capitalismo, algo que va mucho más allá de las modas. Estamos explorando la naturaleza de las ciudades después de alcanzar el pico del petróleo, y estamos investigando las tendencias sociales: lo que sucede con los índices de consumo una vez que tenemos más personas que tierras cultivables.

Cultura corporativa y megaciudades

Considera estas estadísticas. Nuestra práctica de consultoría ahora trata los siguientes cuatro hechos superiores tan básicos como la física y tan inmutables como las olas que rompen en la orilla de la playa:

1. De las cien economías más grandes del mundo, cincuenta y seis no son naciones, sino grandes corporaciones que se extienden por el planeta y trabajan a menudo en más de ciento quince países. Desde Copenhague hasta Caracas, estas empresas existen en todo el mundo, no sólo en los estados-nación. Encontrarás sus marcas y sus productos asociados en todas las megaciudades. Diageo, por ejemplo, vende sus bebidas en más de ciento doce países, controlando una docena de las marcas más reconocidas a nivel mundial, desde Guinness hasta Baileys.

2. Las cien corporaciones multinacionales (MNC) más grandes de la actualidad controlan alrededor del 22 % de los activos extranjeros globales. Son nombres familiares, incluidos Google, HP, Walmart, Toyota y Shell. La mayoría de los niños de hoy en día están más familiarizados con estos nombres que con los de las naciones o los estados. Mi propia hija, por ejemplo, sabía lo que era HP antes de conocer la tabla periódica, ¡aunque destacó en biología avanzada!

3. En la actualidad, trescientas empresas multinacionales representan ahora al menos un tercio de los activos totales del mundo. Algunos economistas de mi grupo, utilizando un conjunto de fuentes externas, han confirmado estas cifras desde que escribí *World Inc.* (www.World IncBook.com). Por primera vez en la historia de la humanidad, las organizaciones que abarcan el planeta están configurando mercados masivos e influyendo en las tendencias, mucho antes de que lo hagan las leyes gubernamentales.

4. Más del 44 % del comercio mundial se produce ahora en estas grandes multinacionales, en comparación con las tendencias publicadas por primera vez en *World Inc.* (2007). Estas tendencias crecen claramente junto con las megaciudades, y este capítulo demuestra las consecuencias de todo ello.

Si pensamos en el comercio global como en porciones de una pizza compartida, podemos ver cuántas de las porciones ya están dedicadas al intercambio de empresa a empresa, en lugar de a las preguntas de política regional o las preocupaciones sobre los impuestos y la seguridad de los estados-nación. Las inmensas consecuencias comerciales, y el destino de muchas vidas, residen en estas transferencias de población entre ciudades, como se observa, por ejemplo, en la Figura 5.3.

Y aquí se pueden descubrir los nuevos motivos de esperanza en el capitalismo de respuesta social. Al final, las estrategias B2B, o negocio-a-negocio (algo en lo que mi pequeño grupo se ha destacado en los últimos veintidós años) pueden ser más austeros que la política federal. Dado que el B2B es inherentemente más competitivo, ya que busca conseguir eficiencias y acuerdos rápidos entre los más ágiles y grandes, a menudo se hace antes de que se produzcan cambios directos en el trabajo y en las leyes gubernamentales.

Piensa en Google, en Walmart y en GE, y en la mayoría de las compañías *Fortune 500*. B2B es el camino del mundo, el que controla tus elecciones y tu día a día como consumidor en este vasto universo de productos. Sin embargo, ¿cuántas veces hoy has pensado en B2B? Es una especie de cambio silencioso, una revolución incruenta, para quienes están fuera de las grandes empresas.

Una vez hayamos ajustado nuestras actitudes para lidiar con esta nueva frontera, en la cual las corporaciones, no los estados-nación, son ascendentes, encontraremos que este nuevo mundo globalizado puede ayudar a mejorar nuestros coches y nuestras casas; nuestros ordenadores y nuestros electrodomésticos; nuestra comida y nuestra salud; y la duración, comodidad y satisfacción de nuestras vidas.

Pero ¿las corporaciones siempre hacen esto? Absolutamente no. Sabemos que muchas son miopes, tan sólo se preocupan por obtener triunfos a corto plazo y, a menudo, se muestran voraces en cuanto a su crecimiento acelerado. Pero les hacen algo a las ciudades que encuentro notablemente esperanzador. Este libro ofrece una serie de principios que muestran cómo un número creciente de corporaciones e individuos puede ayudar a elevar a la humanidad hacia la austeridad.

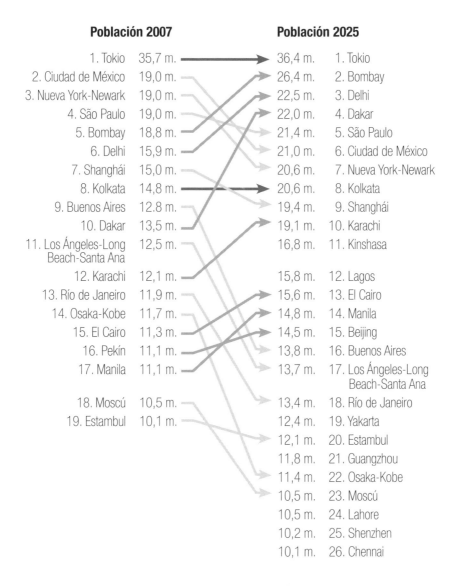

Población 2007			Población 2025
1. Tokio	35,7 m.	36,4 m.	1. Tokio
2. Ciudad de México	19,0 m.	26,4 m.	2. Bombay
3. Nueva York-Newark	19,0 m.	22,5 m.	3. Delhi
4. São Paulo	19,0 m.	22,0 m.	4. Dakar
5. Bombay	18,8 m.	21,4 m.	5. São Paulo
6. Delhi	15,9 m.	21,0 m.	6. Ciudad de México
7. Shanghái	15,0 m.	20,6 m.	7. Nueva York-Newark
8. Kolkata	14,8 m.	20,6 m.	8. Kolkata
9. Buenos Aires	12.8 m.	19,4 m.	9. Shanghái
10. Dakar	13,5 m.	19,1 m.	10. Karachi
11. Los Ángeles-Long Beach-Santa Ana	12,5 m.	16,8 m.	11. Kinshasa
12. Karachi	12,1 m.	15,8 m.	12. Lagos
13. Río de Janeiro	11,9 m.	15,6 m.	13. El Cairo
14. Osaka-Kobe	11,7 m.	14,8 m.	14. Manila
15. El Cairo	11,3 m.	14,5 m.	15. Beijing
16. Pekín	11,1 m.	13,8 m.	16. Buenos Aires
17. Manila	11,1 m.	13,7 m.	17. Los Ángeles-Long Beach-Santa Ana
18. Moscú	10,5 m.	13,4 m.	18. Río de Janeiro
19. Estambul	10,1 m.	12,4 m.	19. Yakarta
		12,1 m.	20. Estambul
		11,8 m.	21. Guangzhou
		11,4 m.	22. Osaka-Kobe
		10,5 m.	23. Moscú
		10,5 m.	24. Lahore
		10,2 m.	25. Shenzhen
		10,1 m.	26. Chennai

Figura 5.3. Las megaciudades del mundo

Mis teorías pueden ser noticias no deseadas para agricultores o los intelectuales rurales, pero aquí estoy hablando de la clara mayoría de nosotros, sin importar cuáles sean nuestra nación, creencias o circunstancias.

Éste es el único hecho importante que falta en los grandes clásicos que admiro y cito. Hasta este siglo no podíamos siquiera comenzar a considerar seriamente las ciudades-estado como corporativas en un sentido global. Antes de la época de los reyes y señores, teníamos el control regional. Luego, tuvimos el control del gobierno durante muchos siglos. Pero muchas cosas han cambiado en este nuevo siglo del consumidor y en los nuevos tiempos de la globalización.

Hoy en día reina un hecho superior: las ciudades crecen a medida que aumenta la eficiencia de la producción. El Londres de Charles Dickens era muy diferente al actual. Hoy la nueva ciudad global busca la eficiencia con excelencia, fuerza y velocidad.

Este siglo trata sobre la lógica tanto del capitalismo como de las megaciudades: la manifestación física de un nuevo tipo de capitalismo global del siglo XXI que busca incesantemente mejorar de una manera rápida y dramática.

¿Y todo esto es para bien?

Por supuesto que no.

Pero debemos comenzar por los hechos, o al menos reconciliarnos con ellos y aprender a trabajar juntos. Ahora creo que Benjamin Franklin fue una de las primeras personas de este mundo en reconocer estos hechos superiores.

El Proyecto del Milenio de las Naciones Unidas examinó, a través de nueve libros profusamente detallados, cómo las viejas formas de capitalismo industrial llevaron a más de dos docenas de estados fallidos, desde Somalia hasta varias islas y estados de América del Sur. Casi 1.500 millones de habitantes del mundo viven en zonas donde la pobreza va en aumento. Sería ingenuo decir que el capitalismo se ha mostrado benévolo con estos lugares, pero seríamos ciegos si nos quedáramos sólo con esta afirmación.

La globalización corporativa no es algo nuevo o que podamos planificar o decidir. Tan físico como nuestras megaciudades, ya está aquí. Lo que se está retrasando es nuestra comprensión del cambio. Virtualmente, el planeta no está protegido de las acciones de las grandes multinacionales.

Hay pocos ciudadanos cuyos días no estén directamente conformados por las elecciones de estas empresas, desde los alimentos que preparamos para la cena hasta las herramientas que utilizamos para realizar nuestro trabajo y mantener a nuestras familias a salvo.

La verdad sobre las corporaciones globales

Según estudios de las Naciones Unidas, casi tres cuartas partes de la población mundial vivirán en ciudades en 2050. El petróleo, la energía, la movilidad personal y el precio de los bienes son las variables centrales que han hecho (y harán) posible una rápida urbanización.

Nunca antes en la historia de la humanidad han vivido tantas personas. Las tendencias proyectadas para 2030 y 2050 dictan que hacer más con menos será una misión fundamental. El yo ahora está rodeado por las demandas de un entorno construido de manera más eficiente. Cada uno de nosotros deberemos ser más eficientes.

Ya vivimos en un mundo donde, por primera vez en la historia de la humanidad, la mayoría de las personas viven en megaclusters urbanos. La mayor parte del agua, el aire, la vivienda y los alimentos ha sido procesada por corporaciones antes de que las personas la usen. Mi premisa es simple: las megacompañías deberían tener megarresponsabilidades. Éste es un hecho fundamental, como los rascacielos en la mayoría de los estados islámicos y los de Manhattan, Londres y Roma. Piensa en esta forma inteligente de competencia como en el equivalente organizativo de las grandes declaraciones arquitectónicas que crean las megaciudades, para encarnar en lo que se ha convertido la raza humana. Siempre pienso esto cuando viajo a Barcelona o Roma, ¿y por qué no antes de Google o de GE?

Debemos esperar más de estas corporaciones porque se hacen cargo de muchos aspectos de nuestras vidas. Y, por supuesto, esto requiere un nuevo tipo de líder social.

El capitalismo de hoy y mañana

La primera vez que comencé a pensar en las restricciones de los combustibles fósiles, del capital y de los capitalistas fue a finales de la década de 1980, en un viaje en barco desde Manhattan a Albany patrocinado por el entonces gobernador Mario Cuomo. El gobernador y su diputado, Stan Lundine, habían organizado un experimento mental con cincuenta personas llamado «Nueva York 2000». Se trataba de dar un paseo en barco por el río Hudson, durante el cual los participantes debatirían sobre el papel legítimo del gobierno para asegurar una Nueva York mejor, desde la capital en sí hasta el resto de las ciudades del estado.

La mayoría de los participantes eran abogados, ejecutivos o banqueros. Yo estaba allí como una especie de experto en recursos corporativos, ya que mis dos primeros libros (publicados en la década de 1980) ayudaron a reformular las leyes federales sobre la gestión de residuos peligrosos.

Cuando pasábamos por las ciudadelas de West Point, el gobernador nos preguntó cuál era nuestra definición de altruismo. Después de varios intentos de definir por qué las personas van más allá de la llamada del deber, David Sive, un abogado de Park Avenue y cofundador del Consejo de Defensa de los Recursos Naturales, contó una historia que nunca olvidaré. Él había estado destinado en los Alpes italianos durante la Segunda Guerra Mundial. En una de sus misiones debía proteger una cumbre nevada, por lo que tenía órdenes de disparar a cualquiera que cruzara el valle y no supiera la contraseña de las Fuerzas Aliadas, que cambiaba todas las noches.

Un día, a primera hora de la mañana, una figura, apenas visible contra el blanco cegador de la nieve, se acercó al puesto de observación. Mientras recordaba las órdenes, Dave pensó: «Dispara, estúpido». Pero no disparó. Ignoró las órdenes de sus superiores. Decidió hacer oídos sordos tanto a su deber como a su propia experiencia. La figura resultó ser un soldado aliado que se había perdido y que, por lo tanto, tampoco sabía la contraseña.

Dave terminó la historia preguntando: «¿Y suponéis que no disparé por alguna razón altruista?». Hizo una pausa para que su audiencia pudiera opinar. La mayoría de la gente sentía que era un héroe.

No fue el altruismo lo que lo detuvo. «Mi arma cargada permaneció sin disparar aquella mañana no a causa de un mayor bien desinteresado –explicó–. Sí, salvé a aquel soldado aliado desconocido de la muerte, no porque supiera que estaba de nuestro lado, ni porque intuyera que se había perdido en la tormenta durante tres días».

Entre los pasajeros se instaló un tenso silencio. «Actué así por miedo. Tenía miedo de cometer un error», concluyó. La franqueza de su confesión tiene consecuencias. Los grandes seres humanos son tolerantes porque temen cometer un error. Por lo tanto, celebremos y volvamos a centrarnos en la increíble diversidad de personas, dinero e idiomas que se reúne en las grandes megaciudades.

El capitalismo se encuentra en una encrucijada, como a Stuart Hart le gusta decir, porque un número creciente de personas que dirigen las empresas albergan en su interior el deseo de ayudar a construir un mundo mejor, incluso si eso significa que deben eliminar los prejuicios heredados. Éstos son los capitanes del mañana, los navegantes de las megaciudades de hoy, los pioneros de la austeridad.

Una de las mejores maneras de eliminar los prejuicios y las prácticas destructivas es acabar con el despilfarro mediante la austeridad. Esta apertura cultural es el elemento más nuevo del capitalismo avanzado. Thomas Jefferson y Benjamin Franklin tenían razón: alcanzamos la paz a través del comercio, el encuentro eficiente de valores con los demás. He descubierto que nuestras megaciudades están llenas de héroes cotidianos innovadores y amantes de la paz como los que se describen más adelante.

Si bien estos líderes son ferozmente competitivos, sus biografías muestran que son agentes del cambio diplomático y amantes de la paz. En general, permiten que la diversidad llene sus calles y pueble sus megaciudades.

Desde Benjamin Franklin hasta Martin Luther King Jr., la historia muestra que es posible realinear el dinero, las personas y las reglas. Podemos hacerlo mejor pidiéndole a la población que haga más con menos de una manera visual, personal, válida y apasionada. La mano oculta de la competencia abierta y justa ayuda a esa misma población a comprender las circunstancias históricas de las opciones que se le presentan.

Estos líderes ya sabían esto mucho antes de que la población alcanzara tantos miles de millones. Si repasas sus excepcionales vidas, verás abundantes ejemplos de cómo Jacques Cousteau, Bob Stiller, Martin Luther King Jr. y Alexander Graham Bell aprendieron a competir para hacer más con menos.

Me he reunido con cuatro de estos líderes, así que ten en cuenta que estoy escribiendo desde la experiencia directa.

Bob Stiller, de Green Mountain Coffee Roasters (GMCR), es casi legendario por su capacidad de fomentar un entorno laboral en el que las personas gozan de diversión y mantienen su lealtad, y en el que crecimiento es impulsado por el capital social, no sólo financiero. Lo conocí cuando le pedí que hablara con ochenta de nuestros clientes globales en Phoenix. Las acciones de su firma han aumentado más rápidamente que las de Starbucks en los últimos cuatro años (una acción de 7.100 dólares hace 60 meses de GMCR vale ahora 244.000 dólares).

Tales ejemplos de rendimiento notable en la calidad de la experiencia laboral, combinados con rendimientos financieros excepcionales, explican por qué el capitalismo de respuesta social se está poniendo de moda en las ciudades más grandes y comienza a desafiar el lujo y el exceso que dio forma a los patrones de gasto en las ciudades de ayer.

Algunas vidas, como las que vivieron Franklin y Edison, siempre han sido austeras. Conocí a Jacques Cousteau después de que me dijera que había leído mis libros de los años ochenta sobre los desechos peligrosos. Cuando nos reunimos, a menudo también con su científico principal, pude comprobar que encarnaba los principios clásicos de la austeridad en la manera en que desarrollaba su trabajo en las profundidades del mar. En cierto modo, la aventura submarina es un ejercicio para hacer más con menos oxígeno, menos equipo y más inmediatez visual. Los aventureros del *Calypso* hacían mucho con poco. Lo mismo ocurre con los líderes del nuevo siglo que se reunirán en su día.

La encrucijada hacia el pensamiento motivado

Aunque no creo que pueda afirmar que se haya producido un cambio total en mis últimos cuarenta años, veo una gran división en mis viajes, y esa división está produciendo representantes de lo austero. Veo a los derrochadores, a los dilapidadores, a los indulgentes, a los prejuiciosos que pierden más de lo que ganan.

La pregunta, una vez más, se reduce a las elecciones que hacemos a medida que avanzamos hacia lo urbano.

Todos sabemos que las personas con convicciones son difíciles de cambiar. Si les dices que no estás de acuerdo, se darán la vuelta y te ignorarán. Si apelas a la lógica pura, dicen que no ves las pruebas o te acusan de pensar demasiado bien de ti mismo. En mi opinión, la lógica del pensamiento arraigado ha acortado la inventiva y la creatividad de demasiadas personas.

Terminamos este capítulo dedicado a las ciudades con una reflexión sobre cómo las megaciudades pueden ayudarnos a lograr la próxima Era Dorada más abierta y más austera.

Hay una mejor manera de razonar a través de nuestros predicamentos, y creo que implica una nueva forma de pensar basada en la ciencia sobre los predicamentos. La teoría del razonamiento motivado se basa en una idea clave de la neurociencia moderna. En pocas palabras, es lo que los neurocientíficos, que están dando algunos pequeños pasos hacia las teorías de la elección humana, comienzan a identificar.

El razonamiento siempre está impregnado de emoción, lo que los científicos llaman *afecto*. Los grandes literatos y los líderes siempre lo han sabido, pero ahora se puede medir en mapas mentales. No sólo la razón y la emoción son profundamente inseparables, sino que nuestros patrones de pensamiento heredados o dominantes sobre el dinero, las personas y las reglas están profundamente arraigados en nosotros cuando pasamos nuestros años de adolescencia. Apunté esto en el capítulo anterior, al reflexionar sobre lo que sabía antes de cumplir los 10 años.

Y de acuerdo con estos investigadores, más educación, o profesionalización, profundiza el sistema de creencias de uno. Así que nuestros cerebros están cableados para rechazar la amenaza de nueva información sobre un mundo con siete mil millones de almas. Debemos valorar esto como un hecho, antes de comenzar a hablar de ello de una manera más sensata y duradera.

Hay muchas buenas razones para tener en cuenta este aspecto recalcitrante del yo. Algunos escriben libros completos sobre cómo tomamos decisiones en un abrir y cerrar de ojos. En muchos sentidos, la historia de David Sive contiene elementos de ese tipo de mirada. Esta capacidad de tomar decisiones rápidas no debería sorprendernos, ya que a través del tiempo evolucionamos de una manera que requería que nuestros cuerpos lentos y erguidos reaccionaran muy rápidamente a las amenazas de nuestro entorno, sin la vista de un halcón o la velocidad de un puma.

Por lo tanto, un tipo de prejuicio frente a hechos superiores es una habilidad básica de supervivencia humana. Mantenemos las amenazas lejos de nosotros.

Nos acercamos a los amigos. Prejuzgamos en el momento. Aplicamos nuestros reflejos de lucha o huida con facilidad, gracia y fuerza, rechazando entretener a lo nuevo y amenazando durante demasiado tiempo. Nos despertamos cada mañana con nuestras expectativas, olvidando los detalles o eventos desagradables o no deseados que pudieron haber ocurrido el día anterior. En otras palabras, no razonamos plena o conscientemente en absoluto, en el sentido formal.

A menudo pensamos en nuestra vida ordinaria que somos científicos, pero en realidad actuamos como abogados, razonando con un fin preferido o predicho. Pero, a medida que nos acercamos al futuro cercano y a los entornos densamente urbanizados, los científicos sociales notan que las cosas cambian. Estamos más abiertos a aprender las lecciones de la austeridad competitiva cuando la consideramos en términos de décadas, no de días. Lo mismo ocurre con los compromisos políticos sobre las crisis s y las concesiones presupuestarias. Por eso escribo este libro sobre la gestión del cambio en los términos comunes de la historia social, no de la neurociencia. Creo que adoptar mi espíritu de austeridad no es muy probable ni totalmente necesario en mi vida. Sin embargo, considero que todos debemos seguir siendo expertos a corto plazo en lo que se refiere a sus exigencias, y adaptativos a largo plazo.

Todavía tenemos tiempo para cometer errores importantes. Esto es algo que todo el movimiento de la abogacía descuida. Lo que esto significa para mí, y quizás para ti, mientras navegas por tus próximos trabajos y por el destino de tu familia, es que debemos aceptar que todos usamos anteojeras y tenemos preferencias informadas en la mayoría de las circunstancias. Vemos lo que esperamos ver. Sin embargo, hay espacio suficiente para crecer con sólo adoptar los principios de la austeridad.

Tan humano y animal

Por lo tanto, debemos terminar este libro con el siguiente orden de preguntas: ¿Qué podemos hacer frente a la naturaleza humana?

Dada la fuerza de nuestras creencias heredadas sobre los derechos, los privilegios y la superabundancia en el planeta, un elemento se está manifestando claramente: si quiero que aceptes nuevas pruebas sobre un mundo formado por siete mil millones de personas, debo presentar mi caso en un contexto que no suponga de inmediato una reacción emocional y de bloqueo desde la primera página. En otras palabras, debemos seguir siendo competitivos, esencialmente demasiado humanos, sin caer en una codicia insostenible. El cambio en las sociedades humanas sólo es posible de esta manera paso a paso, si queremos perseguir esta nueva Edad de Oro sin un excesivo derramamiento de sangre.

Así que ahora agreguemos nuestra conciencia de las megaciudades y el papel del individuo en la determinación del propio arco de vida a los principales cambios económicos disponibles en los próximos años, para que puedas dejar esta reflexión con una instantánea de las cosas por venir. No hay nada más significativo que observar cómo la globalización ha dividido nuestro mundo en varios conjuntos de diferentes velocidades económicas: los mercados desarrollados, por ejemplo, de Europa y América del Norte, y las velocidades más rápidas que se perciben en las naciones asiáticas, Brasil y China. La Figura 5.4 ilustra por qué las economías emergentes pronto tendrán el flujo de efectivo necesario para competir de maneras nuevas y verdaderamente innovadoras.

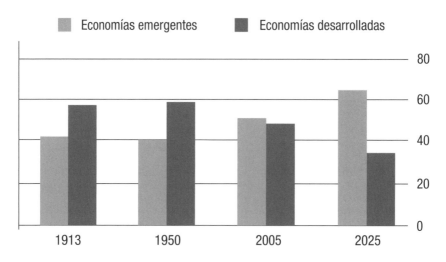

Figura 5.4. Porcentaje de participación en el producto interior bruto (PIB)

Nota: En paridad de poder adquisitivo.

Los fundamentos de este gráfico tienen consecuencias. El aumento de la riqueza en economías emergentes como Brasil y China conducirá a una mayor competencia, que, una vez más, se sentirá por primera vez en las grandes megaciudades. Debido a la velocidad de los sistemas de información globales, esto conducirá rápidamente a una nueva Era Dorada donde las artes de la austeridad competitiva prevalecerán.

Hemos viajado lejos desde el comienzo de este libro.

Espero que ahora veas el diseño. La arquitectura de este libro es visible. No quería que fuera repetitivo, sino un encantamiento que te llevara de una idea relacionada a otra. Existe una relación compleja entre el yo y la sociedad que la austeridad competitiva permite, y se desarrolla con el tiempo en posiciones de inmenso ingenio y diplomacia social. No podemos hacer que estos vínculos sean evidentes para cada lector, región por región de este mundo, por lo que los desarrollamos capítulo por capítulo, encantamiento por encantamiento.

Ésta es la única manera de dar datos más altos en un mundo dominado por un vasto universo de bienes de consumo. Y es también la única manera de construir un argumento frente al razonamiento motivado.

Hay tantas cosas en las que preferiríamos pensar, desde el sexo hasta el escándalo, desde los deportes hasta el entretenimiento electrónico… Estos hechos superiores de la superpoblación y la creciente escasez no pueden competir con esas formas más agradables de atención. Se les da la oportunidad de luchar sólo cuando podemos verlos de nuevo, y en su contexto global, en un mundo que por naturaleza está dominado por intereses regionales y parroquiales.

Quizá lo mejor que extraje de mis años como profesor y miembro de un lobby es cómo trabajar con una multitud de partidos enojados y diferentes. Pienso en ellos como personas en una gran ciudad en hora punta: surgirá cierta ira, pero en general, en la mayor parte de los días, la gente buscará la mejor ruta de escape. Después de todo, compartimos el mismo sol, los mismos remos del bote, si lo deseas, y el mismo tiempo limitado en este planeta.

Volviendo a la escuela de liderazgo social

Ciertamente, la ciudad del futuro necesita los motores del capitalismo: automóviles, ordenadores, mejores manufacturas, todo lo que Karl Marx reconoció como «los medios de producción». Los capitalistas de la respuesta social están llevando estos medios a fines comunes, y nuestras megaciudades disfrutan de sus resultados.

Entonces, al final, ¿qué hace que una megaciudad sea un espejo preciso de aquello en lo que se ha convertido el capitalismo? La palabra «social» se ha fusionado con la palabra «capital» a partir de estos desarrollos informados de una manera que hubiera parecido impensable hace apenas cincuenta años. Y aquí se encuentran los secretos para superar la respuesta emocional que derrota los cambios necesarios. Creo que este desarrollo histórico tan importante se reduce a una nueva manera de entender el valor, tanto el de la propia empresa como el del papel que desempeña uno mismo como instrumento económico que da forma a una sociedad responsable.

Las megaciudades nos hacen sentir a todos que jugamos un papel en un propósito mayor. Por su propia naturaleza, nos inspiran a soñar en grande y sugieren que podemos llegar a ser más. Son las colmenas en las que vemos nuestra miel, nos dan una dirección y un sentido de lo que debemos proteger.

Colofón

Te haré una apuesta, una que no podré cobrar en mi vida: las empresas que sobrevivan a este desafiante nuevo milenio serán las que encuentren formas nuevas y duraderas de responder a las preguntas sociales clave sobre la pobreza, la movilidad y la diversidad energética ahora, antes de que lo hagan las grandes megaciudades.

Y quienes mejor respondan serán los creadores de las grandes ciudades. Las Edades de Oro son tiempos de paz, creatividad, prosperidad y apertura, todo al mismo tiempo. Si expulsas a una de la ecuación, dañas a otra, ya que la contaminación nunca es un evento aislado.

Hoy, mañana, megaciudades

Hace menos de 100 años (menos de dos veces mi edad), la mayoría de los centros del capitalismo eran núcleos nacionales de capital comercial y político. Estaban definidos por objetivos e intereses nacionales, como los de Inglaterra, Estados Unidos o Australia.

Después de leer este capítulo, puedes ver cuán lejos estamos del modelo de la Guerra Fría entre Estados Unidos y la Unión Soviética. Podemos y debemos volver a ser como Benjamin Franklin de nuevo. Entonces, ¿qué me dice esto de ti y del futuro de tus empresas?

He escrito este capítulo para observar cómo el capitalismo y las grandes ciudades han coevolucionado desde la Segunda Guerra Mundial, como una mano que crece hasta el límite del guante en la que está metida o un par de hermanas que aprenden a superar la rivalidad a medida que envejecen. Cuando ves estos sorprendentes casos de crecimiento humano, tienes fe en que podamos vencer los prejuicios y crecer a través de las artes de la austeridad competitiva.

En resumen, ya sea que te encuentres en Londres, Estambul o Pekín, no puedes competir por un crecimiento real visceral sostenible hoy en día sin pensar en las formas de desarrollo que se describen aquí. La única manera de mantener una vida, una familia y un camino a seguir en este mundo veloz y complejo es clara. Admito que habrá variaciones, pero en realidad sólo hay una forma colectiva.

Evidentemente, algunas ciudades crecerán como traficantes de armas, mediante la codicia a corto plazo, pero no durarán mucho. Mi apuesta se centra en la historia cultural humana, no de la codicia y de la negación individual. La próxima Edad de Oro está cerca, como ya es evidente en nuestras grandes ciudades.

Resumen en términos de capitalismo de respuesta social

El capital, el comercio, las grandes ciudades y el destino de nuestro clima han coevolucionado. Desde la Segunda Guerra Mundial, se han vuelto sensatamente interdependientes, muy por encima de las políticas y de los esquemas financieros que ahora se nos presentan. El dinero, las personas y las leyes se alinean mejor en torno a las opciones de productos que son compatibles, en lugar de sólo las reglas y las regulaciones. La gente usa el dinero para comprar su futuro cercano.

Lo que más importa es la pura aventura de todo esto. El capitalismo y la ciudad han evolucionado como hermanos, no como enemigos. Pasan mucho tiempo planeando y hablando, cuestionándose y regulando los diversos comportamientos. Pero, al final, la familia del capitalismo conduce a los tipos de megaciudades globalizadas que he visitado en mis viajes.

Tanto si estás creciendo en las nuevas ciudades emergentes de Brasil, China o India, como si estás madurando un enfoque en ciudades del viejo mundo de Europa y Norteamérica, este capítulo te lleva a casa en nuestro mundo globalizado, pero no plano todavía. La clave reside en lograr el equilibrio adecuado entre la competitividad y la austeridad en todos nosotros.

Veo este arte instintivo de la austeridad competitiva que asciende en nuestro mundo. Lo siento formando una ola y moviéndose por todo el planeta. Cambiará y revitalizará el camino angloamericano para 2020, y ya está cambiando muchas áreas del mundo de la noche a la mañana.

Por supuesto, habrá focos de resistencia industrial y pública contra esta llamada a la austeridad competitiva. Pasarán años de dudas políticas, expresadas por bustos parlantes que en su mayoría serán contables y expertos legales. Y se producirán largos retrasos en los procedimientos, mientras que las mejores ciudades conseguirán acumular dinero con facilidad mediante la austeridad. Habrá períodos en que los historiadores describirán como eras de indulgencia regional desenfrenadas por parte de los consumidores en busca de una felicidad decreciente.

Pero, en general, la fuerza redentora que encontraremos será tan primordial como la historia humana y natural.

Lo que escribo tiene validez internacional y es tan grande como las olas durante la marea alta. Algunas megaciudades reconocerán las nuevas realidades más rápidamente que otras y encontrarán el nuevo equilibrio y, desafortunadamente, otras ciudades (y empresas) no lo harán.

He asistido en el desempeño de mi trabajo de consultoría a un cambio fundamental en la mentalidad de los líderes de las multinacionales. En mis treinta años de profesión, este cambio radical es casi completamente nuevo. Cuando escribí mi libro *In Search of Environmental Excellence* (Simon & Schuster, 1990), por ejemplo, apenas había una ola de cambio hacia la sostenibilidad y la excelencia ambiental. Hoy, muchos de vosotros estáis listos para responder a la llamada de una nueva generación de herramientas de administración, de nuevos principios para la vida y diseños más eficientes que nos permitan volvernos globales a medida que nos hacemos más ecológicos.

¿Cómo podría suceder esto si los humanos se muestran tan reacios al cambio? La respuesta es física e histórica, no sólo emocional y basada en el individuo. Las personas pueden cambiar lentamente, pero la colmena de la sociedad da saltos. Desde este punto de vista, cambiamos como las colonias de hormigas de Edmund Wilson: en grupos y en secuencia, casi más allá de la percepción de los individuos.

Nuevos fundamentos para la esperanza

Sé que muchos de vosotros estáis listos para satisfacer las necesidades de nuestro clima cambiante y de nuestras ciudades en plena evolución, a pesar de la confusión política o de la lentitud de las empresas. Parecéis preparados para construir edificios energéticamente eficaces en la creación de los diques necesarios que respondan al aumento del nivel del mar en Venecia, en Nueva Orleans y en los preciados pasillos militares de Washington. Veo a mucha gente en el ámbito técnico preparada para diseñar sistemas de transporte masivo a gran escala que respondan a la movilidad moderna. Éstos son los motivos para difundir la austeridad con nuestro apoyo y proteger la civilización.

Está claro que este nuevo tipo de capitalismo es exactamente lo que se necesita en las megaciudades de nuestro mundo.

La marea puede cambiar rápidamente, constituir un peligro y sumirnos en la oscuridad total a menos que nos volvamos austeros con el tiempo. Lo veo como una ventana de veinte o treinta años de grandes oportunidades para todos. Lo que he observado sobre la relación entre el capital y las ciudades es probable que se encuentre en el centro de una serie de decisiones públicas sobre cómo hacer más con menos en las próximas décadas.

No hay suficientes cercas y cemento en el mundo para aislarte del resto del planeta. Existe una intensa rudeza frontal en algunos de estos hechos físicos, como la muerte misma. Depende de ti aceptar este futuro o quedarte aislado.

Resumen.
Un hombre ocioso en la ciudad:
el capitalismo es donde vivimos

- ◆ Ciudades como Atenas, Estambul, París, Nueva York, Londres y Sídney son el resultado de la competencia por una mayor eficiencia. Se están volviendo verdes a medida que se van globalizando.
- ◆ Las ciudades más eficientemente dirigidas son como las mejores corporaciones, se resisten a crecer a ciegas. Consideran los mayores efectos de su diseño.
- ◆ Hoy en día, las corporaciones y sus valientes líderes tienen la capacidad de impactar en el futuro cercano de maneras más significativas al ser austeras.
- ◆ Empresas como Green Mountain Coffee Roasters desafían al lujo y al exceso que han configurado los patrones de gasto en las ciudades actuales.
- ◆ El cambio se producirá a partir de la respuesta de las empresas a problemas sociales como la pobreza, la movilidad y la diversidad energética, y las ciudades seguirán su liderazgo en el futuro cercano.

Capítulo 6

Otro día será

Así, el viejo caballero terminó su arenga. La gente lo escuchó, aprobó la doctrina e inmediatamente practicó lo contrario, como si hubiera sido un sermón común. La subasta se abrió y comenzaron a comprar de forma extravagante… Sin embargo, resolví ser mejor, y aunque al principio había decidido comprarme un abrigo nuevo, me fui de allí y opté por usar el viejo un tiempo más. Lector, si haces lo mismo, tu ganancia será tan grande como la mía. Yo estoy aquí, como siempre, para servirte.

Benjamin Franklin, *El camino hacia la riqueza*

Las advertencias de Franklin son siempre especiales, como la que da entrada a este capítulo. Rara vez predecible, siempre perspicaz e ingenioso, Franklin llega hasta ti a lo largo de trescientos años.

¿Cómo lo hace? Sí, mantén tu viejo abrigo, amigo, sugiere, porque es mejor guardarlo que desperdiciarlo. Prepárate para que muchos ignoren las advertencias que tenemos ante nosotros, pero considéralo como una ventaja competitiva para ti. Esto podría hacer que parte de nuestro futuro compartido sea bastante escalofriante, mientras que al mismo tiempo te ofrece una nueva forma de riqueza.

Considero que Franklin es un amigo por varias razones. Casi parece que mucho de lo que escribió sobre el despilfarro lo hubiera compuesto pensando en mí. Y, aunque normalmente me gustan más mis amigos vivos, sus ataques agudos contra el desperdicio, las maneras en que superó a los zopencos durante su vida y sus súplicas inteligentes para que fuéramos industriosos y austeros suenan en mi cabeza como una sinfonía de Beethoven. Su forma de hablar consiste en configurar nuestro camino hacia un futuro próximo, en navegar hacia nuevas fronteras con audacia y con un efecto positivo. Informó, persuadió y encantó, en lugar de sólo informar.

La seriedad deportiva de Franklin suena como música en nuestros oídos, incluso después de siglos. Es listo. Es sincero. Está abierto. Sabía que las personas serán personas, las niñas serán niñas, los niños, niños y, sin embargo, abrazó las reglas cambiantes con gracia e ingenio a medida que maduraba. Y siempre recordó, de manera primordial, que el dinero da a conocer sus horribles verdades a las personas. Sus observaciones sobre el dinero, las personas y las reglas siguen siendo fuertes y constantes a pesar de que la historia haya cambiado.

Habrá ganadores y perdedores, pero con el tiempo habrá más ganadores que perdedores en general. Algunos acabarán ahogados por el destino, mientras que otros serán levantados por éste. Las palabras de Franklin resuenan en las mentes como una melodía publicitaria. Suenan bien incluso antes de razonar sobre ellas. Pero ¿de dónde vendrán las nuevas melodías de este siglo?

El elemento sorpresa

El tercer y último principio que expongo es el *concepto paraguas* que has encontrado en este libro. Podría ayudarte a escribir tu propia canción de austeridad competitiva. El estribillo es «hacer más con menos es tener éxito». Llamamos a esto *concepto paraguas* porque te protege de la lluvia del mundo moderno y te ayuda a vivir la vida de autodeterminación que anhelas.

Ahora puedes agregar las habilidades de la Figura 6.1 a tus días en la tierra. Después de reflexionar, quizá podamos añadir otras expresiones clave como «adaptar tus poderes a las necesidades sociales», «autodeterminación basada en la moderación», «alinear dinero, personas y leyes para hacer un mundo más pequeño» y «encontrar cosas sorprendentes y soluciones innovadoras». Aquí comienzas a percibir el dominio último de este libro. No he escrito mucho sobre una nueva era, como un retorno a un sentido del yo en una sociedad que retrocede y que, sin embargo, está lista, con fuerza y gracia, para el mañana.

Figura 6.1. El concepto paraguas

En todos los capítulos de este libro, te has reflejado de manera cada vez más profunda en este mantra o conjunto de significados, desde evaluarlo en los deportes y en la competición hasta examinar nuevas formas de política en materia de salud y protección ambiental basadas en competir en la austeridad.

Esta repetición en círculo, ha sido, por supuesto, deliberada. Quienes tocan instrumentos musicales saben que los compositores ponen falsas cadencias en su trabajo para ayudar a los oyentes a enfocar su atención. He descubierto que los conversadores y ejecutivos de talento también lo hacen, casi instintivamente, así como los excelentes oradores públicos. Nadie puede pasar 90 minutos sin ser reavivado de esta manera. Sucede lo mismo con los libros de seis capítulos.

Respeto profundamente tu paciencia por haber llegado tan lejos en esta aventura.

Volviendo a casa con Ben Franklin

Los mejores ciudadanos logran resultados en sus vidas de esta manera. Conocen los fines y los medios y, austero y competitivamente, persiguen la meta. Quedan del todo enraizados en esta aventura. No tienen esperanzas astrales ni ociosas. Hacer más con menos traerá éxito. Al declarar este punto final en una etapa más temprana de tu vida, al trabajar los principios como un gran abogado frente al jurado, a través del descubrimiento guiado, ahorrarás, sobresaldrás y triunfarás gracias a este tipo de autodeterminación recompensada por este mercado global.

Lo sepas o no, has alcanzado una posición de ventaja inesperada al sentir el impacto de este mantra. Has llegado al nexo donde la competencia y la austeridad se encuentran. Aquí hallarás el mismo conjunto fundamental de recursos humanos básicos que permite una satisfacción más profunda en este mundo. ¿Estás lo suficientemente cerca para sentir esto en tus huesos y músculos, no sólo en tu cabeza? Esto no es idealismo. Esto es adentrarte en este siglo. Algunos llaman austeridad a este estado de autodeterminación y atención creativa. Muchas culturas poseen una larga tradición para devolver al ser humano a este estado de conciencia plena a través de la calma meditativa. Hemos diseñado este libro como un paraguas para ayudarte a salir de las lluvias habituales de la vida moderna y regresar, en cierto sentido, a tu santuario más establecido y antiguo.

Mira a tu alrededor ahora que has llegado a casa. ¡Cuánto más puedes hacer con menos!

Tú puedes hacer lo mismo. Es tu momento de llegar, este libro está aquí para guiarte, para ayudarte a discernir cómo permanecer en el juego para el futuro, sin perder la humanidad equilibrada. Y eso tiene tanto que ver contigo y tus amigos como conmigo y mis principios.

Creo que necesitas cargar estas nuevas canciones de austeridad competitiva en tu iPod, llevártelo al gimnasio y dejar que se reproduzcan mientras practicas ejercicio. Necesitas incluirlas en tu familia, donde sea que os reunáis para las fiestas y las celebraciones. Lo que una vez llamaste tu tiempo para el yoga, tu tiempo para leer, tu tiempo para el autodescubrimiento, pronto se convertirá en tu día entero.

Los creativos culturales a menudo alcanzan esta totalidad en sus vidas. Llegan a un punto en el que el trabajo es la vida y la vida es un descubrimiento lúdico, y a menudo logran esa libertad del destino a través de la austeridad y la amistad, no a través del exceso o la constante realización. Observa, a Allison Krauss, por ejemplo, mientras domina sus duetos con James Taylor o John Waite. Es concisa, amigable, leal y apreciable: posee todos los principios que hemos expuesto en este libro sobre la innovación y la escasez. Hay una musicalidad en el empuje detrás de este libro.

Como historiador social, espero que termines esta lectura con una idea de hacia dónde se dirige el mundo, y con algunos de los placeres y ganancias y amigos que se consiguen tras captar la deriva temprano, para no ser cegado por su rapidez y severidad. Este mundo no espera a nadie, amigo mío.

Un consejo final

Voy a darte un consejo final. Hay estrés en tu vida. En respuesta, espero proporcionarte, para acabar, el acceso a una canción encantadora, y con ella, alguna sugerencia sobre cómo reducir el estrés.

James Taylor y Mark Knopfler cantan una deliciosa balada histórica titulada *Sailing to Philadelphia*. He escuchado a este dúo cantar sobre los creadores de la Línea Mason-Dixon con una gran apreciación, y me he quedado asombrado de ver cómo el compositor sugiere tanto en tan poco espacio. Esta canción me eleva el ánimo incluso cuando estoy deprimido o me siento descorazonado.

La letra de la canción es rica en narrativa histórica, ya que los dos exploradores, Charles Mason y Jeremiah Dixon, están en su hábitat natural y mucho en sus cabezas. Son muy diferentes, pero comparten la arriesgada misión de «trazar el cielo indio». Saben que están construyendo una nueva América y que este nuevo mundo espera sus decisiones. Asumen los riesgos necesarios, realineando el dinero, las personas y las reglas según la línea que dibujan para su tiempo: la Línea Mason-Dixon.

El sentimiento que transmite la canción no tiene tanto que ver con el coraje machista, aunque las palabras que Taylor canta sugieren que los hombres saben que su trabajo puede resultar fatal. En cambio, la canción celebra el viaje tan transitado y la vida que vale la pena vivir, ya que se encuentran con la libertad y el destino.

Mason y Dixon pueden sentir el peso de la diferencia en conflicto de un oponente acercándose a ellos. El oyente también puede sentir el peso de los indios cerca. Cuando los topógrafos llegan a una nueva ensenada, miran más allá del horizonte actual de preocupación, más allá de la ensenada, hasta donde «Otro día será más claro./Porque sus estrellas deberían guiarnos hasta aquí».

Hay un sentimiento muy humano en esta canción, esa disposición a hacer lo que debes, conociendo la resistencia, pero sabiendo que el futuro lo dirá todo.

En cualquier trabajo de importancia, desde la crianza de los hijos hasta la construcción de una empresa, los siguientes días son los que importan.

Como Franklin señalaba a menudo, te libras de un pasado limitado cada día y mañana eres mejor.

La única manera de transcender el presentimiento que nos embarga, la única manera de superar la lógica de los límites en nuestras vidas, es redescubrir esa austeridad primaria en nuestro comienzo. Mason y Dixon se la llevaron con ellos a la frontera, y James Taylor sugiere lo mismo con su voz. Si hubiera un gen humano para ello, deberíamos clonarlo.

Muchos de los principios de este breve libro, como las declaraciones sobre el arte de la austeridad competitiva, se harán más reales con el tiempo. A medida que avancemos en nuestras mañanas compartidas, estos principios se desarrollarán con más fuerza y certeza. ¿Puedes sentirlo ahora?

En este libro hablo de algunas de las primeras personas que adoptaron estos principios, desde Marco Aurelio hasta Benjamin Franklin y E. F. Schumacher. Pero ellos sólo empezaron lo que tú puedes terminar en tu vida. Vieron la necesidad de competir por la austeridad, la sostenibilidad y los nuevos productos, mucho antes de que se instauraran en nuestras vidas la llegada de las personas omnipresentes y las normas ambientales y financieras más estrictas. Ellos navegaron hacia su futuro cercano como ávidos aventureros. Pero lo que más importa es el flujo de marea que se está formando. Los fundamentos del dinero, las personas y las reglas, aunque están constantemente sujetos a la política y a los caprichos del destino, tienen algunas características fijas duraderas. Encajan en nosotros como el viejo abrigo de Franklin, que él eligió mantener sabiamente. La importancia futura de la competencia y la austeridad se acumulará con el tiempo. Cuando, por ejemplo, nazca el ser humano número ocho mil millones, o nueve mil, o diez mil, las ecuaciones de este libro corresponderán a una verdad más cruda. La vida para cada uno de nosotros es corta, y la angustia abunda. Habiendo escrito este libro, lo que sé es que puedes sentir, descubrir y controlar tu futuro a través de la austeridad.

Cada persona agrega una razón adicional para competir por la austeridad. No puedo acabar con la angustia que producen las numerosas necesidades a las que se enfrentan las personas de nuestro planeta, ni el dolor causado por la pobreza, los barrios marginales, los funcionarios sobornados o los débiles líderes del futuro cercano de mi hija. Pero hay otro camino hacia ese futuro. Es tuyo, o no lo es. Ésa es la elección que tienes ante ti.

Los autores escriben para transformar sus cuerpos físicos en cuerpos de palabras. Pero la física que rodea sus cortas vidas permanece inmutable. Estas reglas de la humanidad están establecidas, como cuando Mason y Dixon vieron más allá de sus oponentes en guerra una eventual Filadelfia.

Los principios y la física para la austeridad están ahora ante nosotros. La posibilidad de reprimir su importancia se está debilitando con cada nuevo nacimiento.

Como demuestra el mantra de la Figura 6.2, no podemos cambiar los hechos físicos, pero podemos y debemos cambiarnos a nosotros mismos, a medida que hacemos, crecemos y vivimos.

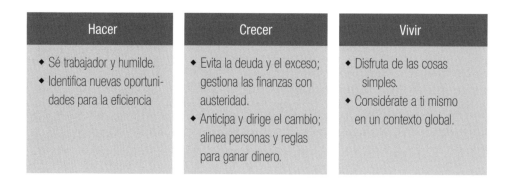

Hacer	Crecer	Vivir
◆ Sé trabajador y humilde. ◆ Identifica nuevas oportunidades para la eficiencia	◆ Evita la deuda y el exceso; gestiona las finanzas con austeridad. ◆ Anticipa y dirige el cambio; alinea personas y reglas para ganar dinero.	◆ Disfruta de las cosas simples. ◆ Considérate a ti mismo en un contexto global.

Figura 6.2. Un mantra individual

Acerca del autor

Bruce Piasecki ha escrito ocho libros a lo largo de los últimos treinta años. Desde 1981, él y sus principales asociados han trabajado para cientos de compañías a través de su firma de asesoría de gestión, el Grupo AHC (www.AHCGroup.com).

Si lo deseas, puedes visitar www.DoingMoreWithLessBook.com para obtener podcasts y nuevos medios sobre este libro y sobre la empresa de Piasecki.

Índice analítico

M

Índice

Parte I
La competencia y el nudo de las necesidades sociales

Parte II
Austeridad imparable

Parte III
Cerca del futuro

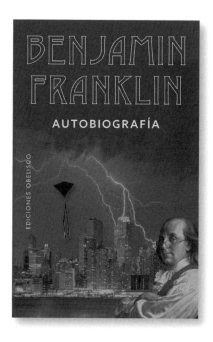

Benjamin Franklin fue considerado el primer estadounidense de la historia, y su firma se encuentra al pie de la Declaración de Independencia de Estados Unidos junto a la de **George Washington** o Thomas Jefferson. En Filadelfia dirigió diversos periódicos y fundó la academia que acabaría convirtiéndose en la Universidad de Pensilvania. Como director nacional de correos, estableció el primer sistema de comunicación postal que abarcaba todo el territorio norteamericano, que a la postre, fue decisivo para lograr la independencia de Gran Bretaña.

Sin duda, Franklin es uno de los personajes más fascinantes de **la historia de Estados Unidos**. Y es que más allá de su faceta como político, fue un **prolífico inventor**. Debemos a su ingenio el pararrayos, el cuentakilómetros, las lentes bifocales…, así como algunos interesantes ensayos sobre el ajedrez o las corrientes marinas. Todos estos motivos justifican que su rostro aparezca impreso en los billetes de 100 dólares.

En las páginas de este libro, Franklin nos explica su vida, su obra y sus pensamientos en primera persona. Su relato nos permite conocer, a través de la mirada de uno de los **Padres Fundadores**, la formación y el desarrollo temprano de Estados Unidos, así como las mentalidades que constituían una sociedad tan cambiante y compleja, en la que convivían abolicionistas y esclavistas, independentistas y colonialistas…